사월에는 민들레가 핀다

사월에는 민들레가 핀다

유희타 지음

YANG 양문 MOON

첫머리에

서두르지 않고,
그러나 쉬지도 않고
희망을 꽃 피우다

가을걷이가 끝난 들녘은 이내 꽁꽁 얼어붙습니다. 푸르던 나무는 잎을 떨구고 몸을 잔뜩 움츠리며 겨울을 준비하지요. 우리 역시 한해를 보내는 아쉬움과 새해를 맞이하는 설렘 속에서 겨울나기 준비로 분주합니다.

예부터 춥고 배고픈 겨울은 서민에게 고통의 계절이었습니다. 요즘은 더욱 그렇지요. 계속되는 경기침체로 일자리 구하기는 하늘의 별 따기이고, 물가는 고공행진을 거듭하고 있습니다. 전세가격이 치솟아 가족이 편히 쉴 곳을 마련하기도 녹록치 않습니다. 지금 이 순간에도 도시 한 귀퉁이에 몸 하나 간신히 뉜 채, 오들오들 떨고 있을 독거노인과 빈민이 적지 않습니다. 그래도 희망적인 것은, 어려운 이들과 콩 한 쪽이라도 나눠먹으려 하고, 작은 도움의 손길이라도 주려고 하는 이웃들이 우리 사회에 아직 많이 있다는 점입니다.

우리는 알고 있습니다. '혼자서 가면 빨리 갈 수 있지만, 함께 가면 더욱 멀리 갈 수 있다'는 단순한 진리를 말입니다. 그렇기 때문에 좀 더 나은 세상에 대한 꿈을 접을 수 없고, 세상을 아름답게 만들기 위한 노력을 중단할 수 없습니다.

제가 민들레포럼을 창립하고 민들레동산을 가꾼 것도 아름다운 세상을 만들기 위한 노력의 하나입니다. 민들레 꽃씨가 멀리 날아가 산과 들을 하얗고 노랗게 물들이듯이 사랑과 나눔의 가치가 확산되어 이 세상이 보다 살만한 곳이 되었으면 하는 바람이지요.

사람들은 저를 민들레 아저씨라고 부릅니다. 민들레포럼을 창립하고 민들레동산에서 민들레를 재배하는데다, 입만 열면 민들레 정신을 강조하다보니 붙여진 별명 같습니다. 기분 좋은 별명입니다.

민들레는 세상 가장 낮은 곳에서 초라하게 피는 흔하디흔한 풀입니다. 하지만 열악한 환경을 극복하고 꽃을 피우는 강인함이 있고, 들판을 뒤덮어버리는 저력도 갖고 있습니다. 모든 생명의 기운이 숨어버린 추운 겨울에도 새봄의 희망을 노래하는 것이 민들레입니다. 나라 안팎의 수많은 시련을 이겨내고, 이 땅에 민주주의를 정착시키기 위해 싸워온 우리 민초를 꼭 닮았습니다. 민들레는 바로 우리의 모습입니다.

민들레처럼 쓸모가 많은 풀도 별로 없을 겁니다. 나른한 봄날 반찬으로 입맛을 돋워주는가 하면, 약으로 쓰여 간과 위를 건강하게 하고, 유방질환에도 도움을 줍니다. 또 말리고 덖어내면 차가 되어 향긋한 내음을 전해줍니다.

선현들은 민들레에서 인(忍), 강(剛), 예(禮), 용(用), 정(情), 자(慈), 효(孝), 인(仁), 용(勇) 등의 아홉 가지 덕을 발견했으니, 삶의 귀감이 되기도 하였습니다. 저는 민들레에서 민초를 느끼고, 강인하고도 올곧은 삶의 자세를 배웁니다. 그리고 세상을 아름답게 만들겠다는 의지를 다집니다. 그럴수록 민들레는 고귀하고 사랑스럽고 또 고맙게 느껴집니다.

이 책은 민들레에 대하여 느끼는 저의 마음과, 민들레에 담아내고 싶은 소중한 꿈을 이야기하는 결과물입니다. 제가 민들레에 빠져들게 된 사연과 민들레에 담긴 건강과 삶의 지혜, 그리고 민들레로 풀어낸 세상사 이야기까지 조심스럽게 펼쳐보았습니다.

많이 부족함을 알고 있음에도 용기 내어 그간의 작은 생각과 느낌들을 여러분 앞에 내어놓는 까닭은, 마음을 열고 여러분과 대화하며 아름다운 세상의 꿈을 함께 나누고픈 소박한 욕심 때문입니다.

민들레 관련 서적을 탐독하고, 틈틈이 모아둔 자료를 바탕으로 몇몇 주변사람들의 경험담도 듣고, 때론 전문가에게 자문을 구하면서 내놓게 된 이 책을 통해 저와 여러분이 민들레 꽃말처럼 사랑과 감사의 마음으로 함께 소통할 수 있기를 바랍니다.

저는 봅니다. 저 얼어붙은 대지, 눈으로 하얗게 덮인 들판에 숨어 있는 희망의 씨앗을요. 서두르지 않고, 그러나 쉬지도 않고 그 씨앗의 온기가 눈을 녹이고, 굳은 땅을 헤쳐 내어 마침내 불러올 따스한 봄을요.

겨울은 혹독하지만 봄을 이겨낼 수 없습니다. 더욱더 심해지는 사회양극화가 우리의 살림살이를 퍽퍽하게 만들지만, 민들레의 사랑과 나눔 정신이 우리 사회에 확산되는 한 보편적 가치가 제자리를 찾을 날도 머지않을 것임을 확신합니다.

이 책이 나오기까지, 또한 지금의 나를 있게 해준 수많은 분들을 일

일이 열거할 수는 없지만 민들레 아줌마로서 일편단심 함께한 아내와 항상 응원해주는 쌍둥이 지수, 지현에게 고마움을 전하며, 4000여 명에 이르는 민들레포럼과 민들레동산 가족들에게 감사드립니다.

2011년 11월 민들레동산에서

아들 홍규, 딸 지혜,
그리고 사랑스런 친손녀와 외손녀,
민들레 아줌마로 불리는 아내,
쌍둥이 지수, 지현과 함께한 저자

contents

Part 1

나와 민들레

흙이 없는 각박한 공간에서도 뿌리를 내리고 피어나는
민들레의 생명력, 짓밟혀도 굴하지 않는 끈기……
민들레처럼 살고 싶었습니다.

희망과 인내의 상징, 민들레

왜 살아야 하는지를 아는 자는 어떠한 상황도 견뎌낼 수 있다.
–프리드리히 니체(Friedrich Nietzsche)

제가 민들레포럼을 창립하고 민들레동산를 일구어 운영하다 보니 민들레와의 인연을 물어오는 분들이 많이 계십니다. 글쎄요. 몇 가지 얘깃거리가 없진 않습니다만, 그보다는 한국인이라면 누구나 갖고 있는 고향의 추억과 부모님에 대한 그리움과 동의어라고나 할까요. 저는 키 작은 민들레를 보면 부모님을 떠올립니다.

민들레는 키 작고 초라한 꽃이지만, 뿌리를 단단히 대지에 박아 비바람 이겨내고 파란 이파리를 두른 채 꽃대 하나 곧게 올려 노란 꽃을 피웁니다. 꽃이 지고 씨앗이 생기면, 바람에 실어 멀리 세상 이곳저곳으로 보냅니다.

가세가 급격히 기울어져가던 시절에도 부모님은 민들레처럼 굳세게 중심을 지키면서 자식들을 키워내셨습니다. 부모님의 희생이 있었기에 저도 이 자리에 설 수 있게 된 것이지요. 제게 민들레꽃은 부모님께서 역경 속에 피워내신 희망이라는 꽃과 다르지 않습니다.

이런 느낌은 저만 갖는 게 아닐 겁니다. 아마도 비슷한 시대를 살고, 비슷한 어려움을 겪으며 살아왔을 제 연배의 사람들이라면 누구나 공감하실 겁니다. 그러한 정서적 공감대가 있기에 도종환 시인은 "날이 가물수록 민들레는 뿌리를 깊이 내린다."고 했고, 박노해 시인은 민들레꽃에서 투혼을 읽어 "민들레꽃처럼 살아야 한다."고 노래했겠지요.

아버님과 함께 찍은 가족사진

어릴 적 민들레의 첫인상이 강렬했던 것은 사실입니다. 그 꽃이 민들레인지도 모르던 코흘리개 어린 시절에 동네 어귀 시멘트 계단 틈새에 피어 올라온 민들레를 보면서, 이런 곳에도 꽃이 살 수 있구나 하며 감탄한 기억이 있습니다. 그 모습에 상징적 의미를 부여할 수 있었던 것은 한참 세월이 흐른 뒤였지요.

고향집 완주 비봉면에서 전주에 있던 고등학교까지 통학하려면 집에서 나와 8킬로미터 떨어져 있던 어우리까지 걸어가야만 했습니다.

하루 40리 길을 걸어서 학교를 다니려면 보통 힘든 게 아니었지요. 그 먼 길을 걸어가다 보면 길가에 핀 민들레가 반겨주곤 했습니다.

먼 길 통학하는 것이 안쓰러우셨는지 아버지께서 학교 근처에 방을 얻어주셨습니다. 모두가 가난한 시대였습니다만, 생각해보면 당시 저희 집은 특히나 가난했던 것 같습니다. 고향집에서 쌀과 보리를 받아오면 물에 오랫동안 담가 최대한 불려서 밥을 지어먹었습니다. 적은 쌀로 배불리 먹는 저의 노하우였습니다. 반찬이라 할 것도 없이 고추장을 넣어먹는 것이 전부였습니다. 한참 클 나이에 먹는 것이 부실하다보니 영양실조가 왔고, 밤에 자다가 다리에 쥐가 나기 일쑤였습니다. 잠들기가 두렵기까지 했습니다.

그렇게 어렵게 다닌 학교였지만, 나름대로 열심히 공부하며 학교생활을 해나갔습니다. 힘들 때면 어릴 적 보았던 시멘트 계단 틈새의 민들레를 떠올렸습니다. 흙이 없는 각박한 공간에서도 뿌리를 내리고 피어나는 민들레의 생명력, 짓밟혀도 굴하지 않는 끈기……. 민들레처럼 살고 싶었습니다. 학창시절 민들레는 저에게 희망과 인내의 상징이었던 겁니다.

'일편단심' 에서 '명약(名藥)' 으로

인간의 일생은 그가 생각한 대로 된다.

– 마르쿠스 아우렐리우스(Marcus Aurelius)

결혼한 뒤에는 민들레가 새로운 의미로 다가왔습니다. 아내가 저를 민들레라고 불렀던 것이지요. 제가 일편단심이라는 이유 때문이었습니다. 세월이 흘러도 아내에 대한 사랑이 변치 않는 것이 내심 기뻤던 모양입니다.

나를 민들레라고 불렀던 아내와 함께

아내는 제가 고등학교 2학년 때 교회에서 만난 첫사랑입니다. 아내와의 첫 만남은 아직도 기억에 생생합니다. 아내는 학생회 부회장을 맡고 있었는데, 처음 교회에 나간 저를 보고 반가워하며 앞으로 잘 참석해달라는 말을 했습니다. 여학생의 미소와 상냥한 음성에 호감을 느끼면서도, 수줍음이 많았던 저는 말 한마디 제대로 건네지 못한 채 시간만 흘려보냈습니다.

해가 바뀌어 3학년 2학기가 되자 그 여학생은 취업이 되어 서울로 올라갔습니다. 이대로 인연이 끝나는 건 아닌가 걱정도 했습니다 하지만 고맙게도 저 또한 취업이 되어 서울로 올라갈 수 있었고, 다시 인연이 이어졌습니다. 그때는 당당하게 마음을 고백했고, 스물한 살 어린 나이에 결혼에 골인하였습니다. 이제 결혼한 지도 38년이 흘렀군요.

다른 사람도 아닌 아내가, 일편단심이라는 이유로 저를 민들레라고 불렀을 때 그 어느 누구한테 받는 칭찬보다도 기뻤습니다. 가장 가까운 사람한테 듣는 칭찬이야말로 가장 값진 법이니까요.

그런데 40대 후반에 접어들 무렵 민들레는 그때까지 상상할 수 없었던 특별한 의미를 갖게 됩니다. 사연인즉 이렇습니다. 로터리클럽 총무를 맡고 있을 때였는데, 당시 로터리클럽에서 윤석모 박사님의 특강이 있었습니다. 윤 박사님이 대뜸 "지방간 있는 사람 손들어보세요!" 하시는 겁니다. 저를 포함해서 회원들 90퍼센트쯤이 손을 들었습니다. 술을 일절 마시지 않던 저는 지방간이란 직장생활 오래 하면 으레 있는 거려니 생각하던 차였습니다.

윤 박사님은 "지방간이 심해지면 간경화가 될 수 있다."며 "민들레를 먹으면 지방간이 없어진다."고 명심하라고 하셨습니다. 그 후 함께 강의를 들은 회원 한 분이 민들레를 구해 차를 만들어서 저를 비롯한 몇몇 회원에게 나눠주었습니다. 저는 페트병 두 개 분량의 민들레 차를 냉장고에 넣어두고 수시로 마셨습니다. 그 후 건강진단을 했는데 의사선생님께서 결과를 들여다보며 말했습니다.

"훌륭하십니다! 관리를 아주 잘 하셨군요. 이거 보세요. 운동을 열심히 하시니까 지방간이 없어지잖아요. 다른 분들도 선생님처럼 운동을 열심히 하면서 관리하면 좋을 텐데요!"

놀랍게도 지방간이 없어졌다는 것이었습니다. 운동하라는 조언을 따라 조금씩 운동을 하고 있었기 때문에 이게 운동 덕인지, 민들레 차 덕인지 확신할 수는 없었습니다.

며칠 뒤에 로터리클럽 모임이 있었습니다. 화제는 단연 민들레 차였습니다. 저뿐만 아니라 민들레 차를 먹은 회원들의 지방간이 모두 좋아져 있었던 것입니다. "아, 확실히 뭔가 있긴 있구나!" 하는 생각이 들었지요. 급기야 민들레 마니아가 되었고, 경동시장에서 민들레를 구해 차를 만들어 아는 분들에게 선물도 하고 그랬습니다.

다시 10여 년이 흘러 2009년 민들레포럼을 만든 직후, 고향의 야산을 활용해 무언가 해보려고 고민하던 중이었습니다. 민들레가 몸에 좋다는 사실은 경험을 통해 알고 있었으니 민들레를 재배해볼까 하는 생각도 있었습니다. 과연 민들레를 어떻게 재배하는지 궁금해지더군요. 그래서 시중에서 파는 민들레 제품 포장에 명시된 원산지를 찾아가보기로 했습니다.

내비게이션의 안내를 따라 '원산지'를 찾아갔습니다. 그런데 이게 웬일인가요? 민들레를 재배하는 밭은 볼 수 없었습니다. 알고 보니 재배하는 것이 아니라, 여기저기서 채취한 것을 모아서 납품하는 곳이었습니다. 실망감이 이만저만 아니었습니다.

"혹시 내가 국산인 줄 알고 샀던 민들레가 중국산은 아니었을까?"
"이런 식으로 채취하면 품질관리도 안 됐을 텐데, 몸에 해로운 것은 아니었을까?"

지금까지 제가 선물했던 민들레 차가, 어디에서 어떻게 재배된 것인지 알 수 없는 민들레로 만들어진 셈이었습니다. 미처 확인하지 못한 자신을 탓하며, "몸에 좋은 차 선물을 한다고 한 것이 오히려 실수한 건 아닌가?" 하는 자책감마저 들었습니다.

그도 그럴 것이 일반적으로 농산물을 재배할 때 농약을 적잖이 사용하는데다, 잡초 제거를 위해 길가에도 제초제를 예사로 뿌립니다. 도로가에 난 민들레라면 자동차에서 배출되는 오염물질에도 노출되기 쉽습니다. 그래서 도로 옆 민들레는 중금속 오염이 심각합니다. 사정이 이러하니 작정하고 유기농재배를 하지 않는 한 안전한 민들레를 먹기란 불가능한 실정이지요.

시중에 유통되는 민들레의 문제점들을 파악하고 나자 고향 야산을 어떻게 활용할 것인가 하는 고민은 자연스럽게 해결됐습니다. 안심하고 먹을 수 있는 민들레를 재배해야 한다는 결론에 자연스럽게 도달한

완주군 비봉면에 있는 민들레동산

겁니다. 큰 욕심은 내지 않았습니다. 우리 가족과 가까운 지인들에게 차를 만들어 나눠드릴 정도면 되겠다는 소박한 생각이었습니다. 민들레를 좋아하고, 민들레라는 별명도 갖고 있고, 민들레포럼까지 결성한 상태이니, 민들레를 직접 재배하는 것은 저의 숙명처럼 여겨졌습니다. 그렇게 해서 시작된 것이 민들레동산입니다.

2010년 10월 민들레동산을 준공했으니, 벌써 1년이나 흘렀습니다. 가을에 시작하여 겨울을 지나고 봄, 여름, 그리고 다시 가을. 몸에 좋은 민들레를 깨끗하게 재배해서 지인들과 나눠먹겠다는 소박한 생각에서 시작된 민들레동산이 이제는 어엿한 사업체로서 성장해가고 있습니다.

민들레동산에서는 민들레를 노지에서 무농약으로 재배합니다. 노지에서 재배하니 향이 강하고 약효가 뛰어납니다. 화학비료를 쓰지 않고, 농약도 쓰지 않으니 안심하고 먹을 수 있습니다. 물론 그만큼 재배에 손이 많이 가고 생산량도 적습니다. 그래도 민들레동산에서 생산한 민들레 제품들이 많은 분들의 사랑을 받고 있으니 감사할 따름입니다.

이곳에서 일하는 대다수 어르신들은 당신들이 일할 수 있다는 데 대하여 매우 기뻐하고, 작업도 재미있어 하십니다. 늘 자신의 일인 것처럼 잘 하려 노력하는 모습은 감동적이기도 합니다.

깊고도 소중한 민들레와의 인연은 이렇게 이어져왔습니다. 지금까지 민들레가 희망, 인내, 일편단심, 건강의 상징이었다면, 이제는 민들레에 어떠한 의미를 담아내게 될까요? 저도 몹시 궁금해집니다.

새로운 꿈을 그립니다

마음이 고요해진 후에 만물을 보면 만물이 모두 봄의 생기를 가지고 있다.

-《근사록(近思錄)》

민들레동산은 고향 완주군 비봉면에 있습니다. 전주에서 대전과 금산으로 가는 17번 국도를 타고 가다가 어우 삼거리에서 오른쪽으로 꺾어져 천호성지라고 적힌 푯말을 따라 741번 지방도로를 6킬로미터쯤 가다보면 민들레동산 표지를 만날 수 있습니다. 이어 안내 표지를 따라 500미터쯤 들어가면 민들레동산이 나옵니다. 서울 및 수도권에서는 호남고속도로 익산 인터체인지에서 나와 천호성지 방향으로 5분 거리에 있습니다.

민들레동산에 민들레만 있는 것은 아닙니다. 민들레동산은 쉼터이기도 합니다. 민들레 재배도 중요하지만, 그보다 민들레동산이 모든 이에게 쉼터가 되길 바라는 마음이 간절했기에 동산 입구 근처에 방문객들이 편히 쉬다 갈 수 있는 공간과 시설도 갖추어 놓았고, 많은 분들이 다녀가셨습니다. 완주 비봉의 맑은 공기와 자연 속에서 몸과 마음의 휴식을 취하며 재충전하는 모습을 지켜보는 것도 저에게는 행복입니다.

수련관 건물 1층 카페에서는 민들레동산에서 생산되는 민들레 차와 민들레 음식 몇 가지를 맛볼 수 있습니다. 2층에는 숙박시설이 갖춰져 있습니다. 모두 다섯 개의 방이 있는데, 각 방에는 제가 좋아하는 단어들로 이름을 붙였습니다. 민들레, 사랑, 봉사, 감사, 겸손……. 저도 2층 숙소에서 묵을 때가 많은데, 그때마다 의미를 되새기곤 한답니다.

방에서 베란다로 나가면 방곡마을이 한눈에 들어옵니다. 아담한 산들로 둘러싸인 마을은 보는 것만으로도 마음이 평화로워집니다. 베란다 바로 앞쪽에는 감나무가 두 그루 서 있고, 그 사이에 은행나무가 있습니다. 가을이 되면 붉은 감과 노란 은행잎이 눈을 사로잡습니다.

그 앞으로는 개울이 졸졸졸 소리 내며 흐릅니다. 물소리를 제대로 음미할 수 있는 건 밤입니다. 하루 종일 두리번거리던 시각이 휴식을

민들레동산에서 내려다본 정경

취하면 귀만 홀로 깨어 개울이 내는 소리를 따라가다 잠이 듭니다.

햇살이 눈부신 아침, 이름 모를 새들이 지저귀는 소리에 절로 잠에서 깨어납니다. 수련관을 나서면 코스모스가 반겨줍니다. 잔잔한 바람에 하늘하늘 손을 흔드는 코스모스 사이로 나 있는 돌계단을 밟고 오르면 민들레 밭이 펼쳐집니다.

민들레동산은 모든 것이 느립니다. 비료를 써서 속성재배하려는 유혹도, 비닐하우스 안에서 안정적으로 재배하려는 유혹도 모두 거부합니다. 그래서 손이 많이 가고, 민들레동산은 언제나 작업 중입니다. 민들레동산을 거닐다보면 풀을 매거나 민들레를 채취해서 씻고 말리는 어르신들을 만날 수 있습니다. 노지에서 풍상에 시달리며 자란 덕에 민들레동산 민들레는 자연의 기운이 고스란히 담겨 있습니다. 봄에 채취한 민들레는 아무래도 봄날의 뻗어나는 생명의 기운이 강할 것이요, 여름에 채취한 민들레는 무럭무럭 자라게 하는 기운이 담겨 있겠지요. 가을에 채취한 민들레는 서늘한 기운이 강하지 않을까요?

민들레는 늦가을까지 꽃을 피웁니다만, 가장 보기 좋은 때는 아무래도 봄입니다. 신록이 피어날 무렵, 파릇한 야산을 배경으로 어우러지는 민들레꽃은 가히 장관입니다. 꽃이 지고 씨가 맺히면, 햇살 따스한 어느 날 살랑 불어오는 바람에 실려 꽃씨들은 어지러이 어디론가 날아갑니다. 미지의 그 땅에서 씨앗은 뿌리를 내리고 또다시 생명의 싹을 틔웁니다. 이러한 생명의 순환이 봄부터 가을까지 민들레동산을 수놓습니다. 겨울이 되어야 비로소 민들레들은 잠시 휴식을 취합니다. 하얀 눈이 동산을 뒤덮고 온 세상이 하얗게 되는 날 민들레는 모든 기운을 땅속에 감추고, 새해를 준비합니다. 대지에 바짝 엎드려 겨울을 버텨내려는 놈들도 있고, 추위가 살짝 가신 날 꽃을 피우는 놈들도 있지요.

어떻습니까. 생명이 움트고, 자라나고, 사그라지고, 다시 씨앗을 날려 생명의 꿈을 키우는 민들레들, 그 터전이 되어주는 민들레동산. 아름답지 않습니까? 그야말로 생명의 터전이요, 미래의 꿈이 싹트는 소망의 땅인 민들레동산에서 번잡한 마음 쉬어가지 않으시렵니까?

강인한 민초의 삶,
자랑스러운 항일 역사

눈길을 걸어갈 때 어지럽게 걷지 말기를
오늘 내가 걸어간 길이 훗날 다른 사람의 이정표가 되리니…….
–백범 김구

연수원에서 서편으로 빨간 지붕의 집이 한 채 보입니다. 제가 태어나서 유년시절을 보낸 집입니다. 과거의 기와집을 살짝 리모델링했지요. 그 안에는 우리 집안의 자랑인 유영석(柳暎錫, 1873~1952) 증조부님의 사진과 훈장(건국훈장 애족장)을 모셔두었습니다.

증조부님은 일제 침탈이 노골화되던 1905년경, 친족들과 뜻을 모아 만주에서 항일운동을 하던 의암 유인석 장군에게 군자금을 전달하고, 280명 규모의 의군단을 조직하여 호남과 충남지방 등에서 무장항쟁을 벌이신 분입니다.

고향 마을 방곡(芳谷)은 임진왜란 후 양성현감을 지낸 유지호 어른이 이거해온 이래 집성촌을 이뤄 온 고흥 유씨의 터전입니다. 증조부님과 함께 무장항쟁에 참여한 집안 어른들이 여러 분 계셨는데, 그중 증조부님을 포함한 아홉 분이 독립유공자로 인정받게 되었습니다. 한

유영석 의사의 건국훈장 애족장

집안에 아홉 명의 의사(義士)가 배출되었다 하여 일문구의사(一門九義士)라 불리었습니다. 한 가문에서 이렇게 많은 의사가 배출되고, 훈장까지 추서받은 경우는 없다고들 합니다.

구의사(九義士)란 유중화(치복), 유명석, 유연봉, 유연청, 유연풍, 유영석, 유준석, 유태석, 유현석 등 아홉 분을 일컫습니다. 1905년 을사늑약 이전까지는 주로 만주과 연해주 일대에서 활동한 유인석 장군에게 군자금을 모아 보냈습니다. 그 후 을사늑약 체결을 보시고는 비분강개하여 유인석 장군과 연계하여 무장투쟁을 시작하셨습니다. 먼저 지역의 의인들을 모아 280명 규모의 의군단을 조직하였고, 전라 북부인 고산, 익산, 여산과 충남의 진산, 금산 등지에서 일본경찰과 행정관서를 습격하는 등 무장활동을 전개했습니다.

하지만 정규 군사훈련을 받지 못한 의군은 수적으로나 무기에 있어서 열세일 수밖에 없었고, 지하로 잠적하게 됩니다. 결국 아홉 의사는 일본경찰에 의해 모두 체포돼, 그 중 의병대장 유중화 의사는 즉결 처형되었고 나머지 여덟 분은 살인강도라는 죄명으로 10~15년의 옥고를 치르게 됩니다. 복역 중에 유태석 의사는 옥사했고, 유현석 의사를 제외한 나머지 여섯 분은 출옥 후 형독으로 수년을 넘기지 못하고 순국하였습니다.

대한민국이 광복을 맞이한 후에도 제대로 된 역사적 평가를 받지 못한 채 오랜 시간이 지나고, 1977년 들어 집안 어른들의 이야기를 토대로 일문구의사(一門九義士) 현창사업을 벌였습니다만 증빙자료 부족으로 결실을 보지 못하였습니다. 뒤늦게 판결문을 찾았으나, 일제가 교활하게도 이분들의 죄목을 항일운동과는 무관한 살인강도 등으로 해놓은 탓에 항일투쟁 업적을 인정받기 어려웠습니다.

아버지는 제가 어릴 때부터 "죽기 전에 증조할아버지의 독립운동 내용을 밝혀 후손들에게 전해야 할 텐데……."라는 말씀을 하시곤 했습니다. 아버지의 숙원과도 같은 것이었지요. 1982년에도 재차 공적서를 제출하였으나 정부는 침묵만 지켰습니다. 그러다가 집안 어르신들과 고산 향교 유림들이 힘을 모아 문중 구의사를 조명하는 운동을 벌였고, 주민들 사이에서도 추앙운동의 열기가 번졌습니다. 그 영향인지 뒤늦게

완주군 비봉면 내월리 입구에 있는
일문구의사 사적비

국가보훈처는 구의사의 공적을 인정하고, 아홉 분에게 각각 독립유공자 훈장을 수여하였습니다.

한 문중에서 아홉 분이나 독립투쟁에 나선 것은 멸문지화를 각오해야 가능했습니다. 이미 항일투쟁으로 구의사 세 가문이 멸문지화를 당한 만큼 자손인 제가 보기에도 참으로 대단한 기개가 아닐 수 없습니다. 어쩌면 민족의 자존을 지켜내야 한다는 조상님들의 애국애족 정신이 집안 대대로 면면히 전해져온 결과가 아닐까 싶기도 합니다.

그렇게 말씀드리는 이유는, 저의 20대조 할아버지 유습 장군이 세종대왕 연간에 이종무 장군을 보좌해서 대마도를 정벌한 적이 있었기 때문입니다. 이것이 그 유명한 대마도정벌입니다. 이 정벌로 대마도주(對馬島主)는 항복했고, 조선에 대하여 신하의 예를 다할 것을 맹세하였습니다. 대마도 또한 경상도에 편입되었다고 합니다.

집안에 이처럼 자랑스러운 조상님들이 계셨다는 것이 저는 참으로 든든합니다. 조상님들이 당당했기에 후손인 저 또한 일본에 대하여 하늘을 우러러 한 점 부끄럽지 않습니다. 일본이 독도에 대한 야욕을 노골화하는 이때, 항일의 역사는 많은 것을 시사합니다.

증조부님을 비롯한 우리 선조들은 굴욕적으로 살기보다는 당당하게 맞서 싸우기를 선택하셨고, 그렇게 목숨 걸고 싸워서 이 땅을 지켜낼 수 있었던 것입니다. 대마도를 정벌하고, 일제에 맞서 싸웠던 그 기개를 본받아 우리의 영토를 굳건히 지켜낼 수 있는, 강력한 의지가 필요한 때입니다.

高興柳氏一門九義士事績碑文(고흥유씨일문구의사비문)

우리 民族은 外敵의 侵略을 받을 때마다 白衣出戰의로써 報國忠節을 다하였다. 壬辰倭亂時 義兵들의 活躍과 韓末倭賊의 侵略에 抗爭한 義兵의 活動은 生命보다 節義를 重히 여기는 우리 民族의 矜持가 아닐 수 없다. 特히 韓末湖南地方에서 擧義한 崔益鉉 林秉瓚 李錫庸 金海山 李圭弘 등은 爲國忠節로 青史에 빛난 분들이거니와 여기 또한 이 고장에서 낳은 柳門九義士야 말로 그 忠節이 極에 達하였다.

九義士는 全北完州郡 飛鳳面 內月里에서 出生한 柳重和(字致福) 柳炫錫 柳瑛錫 柳俊錫 柳泰錫 柳命錫 柳淵青 柳淵豊 柳淵秦 등 九人이다. 이들은 麗末 門下侍中을 지낸 柳濯을 先系로 하고 朝鮮朝壬亂에 扈聖功臣인 柳恍의 後裔로서 이 地方에서 世居한 名門이다.

이들이 擧義에 뜻을 두기는 高宗 三十二年乙未에 同宗柳淵錫이 頒布한 檄文에 感動되고 光武九年 乙巳勒約이 締結된 이듬해에 있은 崔益鉉 林秉瓚의 義兵出動이 直接的인 動機가 되었다. 이때 柳重和는 各處에서 蜂起하는 義兵들과 같이 救國의 一線에서 神命을 바칠 것을 決心하고 隣境에 居住하는 同志 柳志明 宋泰植 등과 謀議하여 앞의 親族八人과 甥姪 李宥鐘 李泰鐘 등 數名과 더불어 純宗 元年 丁未 가을에 義兵을 組織하니 이 運動에 呼應한 豪民도 百餘名에 達하였다.

한때는 李圭弘 義兵團과 合勢를 하기도 하고 혹은 各地의 義兵團과 聯合戰線을 펴기도 하였지만 主體는 柳重和 등 九人義士를 中心으로 하는 一隊의 義軍團이 形成되었다. 이들은 飛鳳面 所農里 佛堂洞에 兵器製作所를 두고 高山 益山 礪山 龍潭鎭安과 멀리 珍山 錦山 連山에 이르기까지 活動을 넓혀 상당한 賊의 軍馬를 擊殺하는 戰績을 올렸다. 한편 自體內의 非行을 肅淸하고 親日派 一進會를 물리치기도 하였다. 軍資金은 自體의 調達과 뜻있는 地方의 富豪 및 사람의 義捐金으로 充當하였다.

九義士의 抗日活動은 庚戌國恥에 이르기까지 四年동안 實戰이 繼續되었으며 國恥以後 國內의 義兵活動이 止息된 때에도 그들은 行蹟을 숨겨가면서 抗日의 地下運動을 繼續하여 機會를 기다렸다. 이 事實을 알게 된 日帝는 이들의 潛在勢力을 除去하기 爲하여 庚戌十月에 總責을 맡은 柳重和를 逮捕하고 國恥後六年 八義士를 一時에 逮捕하였다. 이때의 求刑罪目은 强盜犯이었다. 그러나 앞서 地方富豪들로부터 義損金을 받은 것은 抗日運動者의 强盜行爲이며 內亂罪에 該當하되 庚戌合邦條約에 따른 赦免令이 適用됨을 判示하였다. 그래서 奸巧한 附日輩와 結託하여 터무니없이 또다른 强盜行爲를 捏造하여 이에 얽어 씌웠다.

앞서 金馬憲兵隊에 被逮된 柳重和는 무서운 拷問에도 屈하지 않고 혀를 깨물어 저들의 非行을 叱責하고 卽席에서 銃殺을 當하는 英雄的인 殉國을 하였다. 나머지 八義士도 最低十年에서 十五年의 刑을 받았다. 柳炫錫은 脫獄하여 變姓名하고 隱避하였다. 柳泰錫은 服役中에 獄死하고 그 외 義士들은 出獄後에 刑毒으로 數年을 넘기지 못하고 別世하였다. 九義士의 大部分이 家破身亡하고 絕孫까지 되는 慘狀에 이르렀다. 또 柳重和의 甥姪 李宥鐘은 獄死하고 李泰鍾은 出獄歸家中에 돌아갈 곳이 없어 途中에 割腹自決하였다.

아! 이들 義士의 壯함이여. 이들은 身分도 地位도 名譽도 功勳도 不顧하였다. 오직 祖上으로부터 물려받은 爲國丹誠의 世訓을 履行할 뿐이었다. 여기 高興 柳氏 一門九義士의 出現은 壬亂義士 高霽峯 一門에서 九義士가 出現함과 같다. 이야말로 一門中의 자랑이며 이 고장 이 나라의 자랑이 아닐 수 없다. 靑史에 빛나는 義擧요, 民族道義의 師表며 護國의 聖靈이다. 이들이 十數年의 鬪爭을 繼續하는 동안 運動에 關係되는 秘密文書는 모두 燒失되었다. 그러나 이들의 壯擧는 이 地方 사람들에게 등불처럼 비치고 있다.

이에 地方故老들의 證言을 듣고 當時 九義士와 關係된 獨立鬪士들의

行蹟을 더듬어 이를 엮어 碑銘에 부쳐 길이 功績을 紀念코자 하는 바이다.

檀紀 四千三百十五年 壬戌五月 全北大學校 文科大學 李康五撰 前 儒道會 全北道 本部 委員長宋 成鏞 前面書 徐春植 後面書

碑文의 國恥以後의 以는 口와 人으로 되어 있어 以字로 推定함
2008年 5月 洞里里長 李成植

민들레를 닮고파, 포공구덕

창랑의 물이 맑으면 갓끈을 씻고, 창랑의 물이 흐리면 발을 씻는다.

–굴원(屈原)

이규태 씨는 《한국학 에세이》에서 포공구덕(蒲公九德)이라 하여 민들레의 덕을 예찬하였습니다. 옛날 서당에서는 민들레가 지닌 장점을 들어 배우는 이들이 가져야 할 덕성을 가르쳤습니다. 민들레의 아홉 가지 덕은 인(忍), 강(剛), 예(禮), 용(用), 정(情), 자(慈), 효(孝), 인(仁), 용(勇)입니다.

인(忍)

민들레는 가장 낮은 곳에서 피는 꽃 가운데 하나입니다. 땅 표면에 붙어산다 하여 질경이, 달맞이꽃 등과 더불어 반지중식물로 분류됩니다. 꽃 필 때를 제외하고는 작은 키로 바닥에 붙어살다시피 하지요. 낮은 곳에서 살아가다보니 밟힐 일도 많습니다. 그래도 민들레는 굴하지 않습니다. 키는 작아도 뿌리를 깊게 내립니다. 바람이 불고 큰비가 와도 뽑혀나가는 법 없이 인고하여 마침내 꽃을 피우고 꽃씨를 날려보냅니다.

지난 여름에는 비가 참으로 많이 왔지요. 여기저기서 산사태가 났고, 농작물 피해도 적지 않았습니다. 안타까운 일입니다. 민들레동산에도 폭우가 내렸습니다. 산비탈에 밭을 조성했기에 위험할 수도 있었으련만, 다행히도 피해는 없었습니다.

폭우 뒤에 안부를 묻는 전화를 많이 받았는데요. 그때마다 저는 민들레가 동산을 지키고 있으니 걱정할 것 없다는 답을 건네곤 했습니다. 반은 농담조였습니다만, 민들레 뿌리들의 굳건한 결속력이 보여주는 인내에 대해 의심의 여지가 없었기에 할 수 있었던 대답이었습니다.

요즘 젊은이들을 보면 예쁘고 똑똑하며 당당하여 참 보기 좋습니다. 하지만 인내심에 있어서만큼은 다소 부족하지 않나 생각합니다. 유대인들 격언에 '성공의 절반은 인내심이다' 라는 말이 있습니다. 인내심 없이는 아무것도 이룰 수 없습니다.

이를 잘 표현하는 말이 '1만 시간의 법칙' 입니다. 어떤 분야에서 성공하기 위해 투자해야 하는 시간이 1만 시간이라는 것입니다. 1만 시간이 적지 않은 시간이니, '언제 1만 시간을 투자하라는 얘기냐' 고 반문할 수도 있겠습니다. 하지만 역으로 생각하면, 1만 시간만 노력하면 성공할 수 있다는 얘기니 얼마나 다행스럽습니까. 성공을 하기 위해서 초인적인 재능까지 가져야 할 필요는 없는 것이니까요.

긴 시간 무엇을 하려다보면 지속하지 못할 많은 핑계거리와 그만두고픈 유혹에 시달립니다. 그것을 이겨내는 힘이 인내이고, 지속하는 힘이 인내입니다. 민들레의 인내심은 우리 젊은이들이 본받아야 할 값진 가르침입니다.

강(剛)

민들레를 재배해보면 민들레가 얼마나 강인한 식물인지 알게 됩니다. 경우에 따라 옮겨심기도 하고 밟고 다니게도 됩니다만 여간해서는 죽지 않습니다. 온 들판을 꽃으로 노랗게 물들이고 씨가 되어 날아간 뒤에는 전혀 예상치 못한 곳에 민들레가 피어 있는 것을 발견할 수 있습니다. 보도블록 틈새에서도 굳건히 싹을 틔우는 것이 민들레입니다.

인생은 마라톤 경주와도 같습니다. 골인 지점까지 달리고 달려야 합니다. 가다가 쉴 수도 있고 물도 마실 수 있습니다만, 그것은 잠시일 뿐 다시 골인 지점을 향해 나아가야만 합니다. 다른 점이 있다면 마라톤처럼 완전히 공정한 게임은 아니라는 점이겠지요. 누군가는 저만치 앞에서 느긋하게 출발하기도 하고, 또 누군가는 나보다 한참 뒤에서 출발하기도 합니다. 죽어라 달려가다 보면 오토바이를 타고 쌩하니 내 앞을 지나가는 이도 있습니다. 누군가는 자갈밭을 달려가기도 하고, 또 누군가는 잔디밭을 달리기도 합니다. 인생이라는 마라톤은 이처럼 공정하지 않습니다. 그렇다고 인생이 불공평하기만 한 것은 아닙니다. 누구에게나 가능성은 열려 있으니까요. 그 가능성을 보고 달린 끝에 성공의 깃발을 들어 올린 사람도 적지 않습니다.

공정하지 않은 것 같아 불만스럽다 해도 누군가를 탓하고 있을 수만은 없습니다. 누구를 탓하고만 있기에는 인생이 짧기 때문이지요. 우리는 싸워야 합니다. 한편으로는 공정한 게임이 될 수 있도록 불공정한 요소를 바로잡는 싸움을 벌여야 하고, 다른 한편으로는 포기하고 싶어 하는 자신과 싸워야 합니다. 그렇게 싸우고 싸워서 골인지점까지 달려야 하는 것입니다.

저 역시 어려운 젊은 시절을 보내며 극복하기 위해 부단히 노력했

서당에서 포공구덕이라 하여 덕성을 가르친 민들레

습니다. 쉼 없이 노력하다보니 나를 제약하던 불리한 환경들이 하나씩 사라져갔습니다. 게임은 점점 공정한 것으로 바뀌어갔고, 마음껏 경쟁할 수 있는 때가 오더군요.

불편한 환경은 극복해야 할 대상이지 실패를 변명하는 핑계거리가 되어선 안 됩니다. 실패의 책임은 나의 것이고, 실패의 결과 또한 고스란히 나에게 돌아오니까요. 환경을 극복하는 민들레의 강인함이 우리에게는 필요한 겁니다.

예(禮)

민들레에는 줄기가 없습니다. 줄기처럼 보이는 것은 꽃대입니다. 뿌리에서 바로 잎이 나오고, 꽃이 필 때에만 꽃줄기가 올라오는 것이지요. 그런데 여러 개의 꽃대가 동시에 올라와 개화하는 법은 없습니다. 차례라도 정한 듯이 꽃대가 하나씩 올라와 개화합니다. 순서를 지키는 것이 마치 형이 결혼하기를 기다렸다가 동생이 결혼하는 우리네 법도와 닮았습니다. 장유유서(長幼有序)도 생각나게 하지요.

세상이 많이 변하고 있습니다. 물질문명이 발달하고 생활이 서구화되는 한편, 전통적인 가치는 점차 퇴색하고 있습니다. 가장 현저하게 몰락하고 있는 정신적 가치라면 아마도 예(禮)가 아닐까 생각합니다. 예라고 하면 전통 유교사회의 엄격한 형식과 절차를 떠올리게 됩니다만, 그런 것들은 실상 예의 외적인 형식일 뿐 전부는 아니겠지요. 예의 핵심은 다른 사람에 대한 배려와 존중입니다.

요즘 보면 타인을 배려하고 존중하는 마음을 찾아보기 어렵습니다. 예 교육은 어릴 적 가정에서 시작되어야 하고, 학교 교육을 통해 강조되어야 몸에 배어 익숙해지는 것입니다. IMF 이후 각박해진 삶 속에서 가정교육을 소홀히 한 탓인지, 내가 먼저 살고 봐야 한다는 생각만 팽배해 있기 때문인지 아무래도 예는 뒷전인 것 같습니다. 가장의 권위가 몰락한 것도 영향을 미치고 있는 것 같은데요. 시대가 변한 만큼 가장이 누리던 가부장적 지위에 대해서는 재검토를 할지언정 어른에 대한 공경, 타인에 대한 배려의 마음까지 폐기해서는 안 됩니다. 그것은 사회 구성원들이 서로 원만한 관계를 만들어가는 기본이니까요.

용(用)

민들레는 쓰임이 다양합니다. 우선 약으로서의 효능이 다양해서 해독에도 좋고, 여성 유방 질환에도 좋습니다. 위에도 좋고 간에도 좋지요. 약뿐 아니라 음식으로 먹어도 좋습니다. 사실 민들레는 약 이전에 음식으로 친숙하지요. 아마도 어머니가 만들어주시던 민들레 김치나 무침에 대한 추억을 갖고들 계시리라 믿습니다. 사용하는 부위도 꽃이

나 뿌리에 치우치지 않습니다. 한약재로 쓸 때 민들레는 전초(全草)를 씁니다. 뿌리부터 꽃까지 버리는 부분이 없습니다.

민들레도 이처럼 쓰임이 다양한데, 어찌 쓸모없는 사람이 있겠습니까. 다만 사람들 각자가 자신의 장점과 쓰임을 잘 모르고 있다는 것이 문제이겠지요. 자신의 장점을 일찍 발견한 사람은 장점을 발전시키는 데 매진합니다. 하지만 자신의 장점을 모르는 사람들은 자기 장점과 반대방향으로 발전시키려고 애쓰는 경우도 생깁니다. 더 나쁘게는 스스로를 무능한 존재로 비하하며 패배의식에서 살아가기도 합니다.

간혹 자기 자식을 보고 '쓸모없는 놈' 이라고 야단치는 부모님이 계신데요, 그건 절대 해선 안 될 말입니다. 자꾸 격려하주면서, 자식이 가진 장점을 발견하기 위해 최선을 다해야 합니다. 담벼락의 돌멩이 하나조차 자기 역할이 있는 법입니다. 자신이 쓸모 있는 존재라는 것을 아는 순간 삶에 새로운 지평이 열리게 됩니다.

정(情)

민들레는 비교적 이른 봄에 꽃을 피웁니다. 얼어붙은 땅이 햇살을 받아 생명이 움트는 시기, 민들레는 부지런히 잎을 피우고 꽃줄기를 올려 꽃을 피웁니다. 겨우내 기다려온 꿀벌들에게 민들레는 고마운 존재입니다. 작달만한 민들레가 수많은 벌들에게 자기를 내어주는 모습이 마치 정 많은 친구의 모습과도 같습니다.

우리 사회는 정이 유난히도 강조됩니다. 정을 찾아 명절이면 일고여덟 시간 걸리는 길도 마다않고 고향으로 내려갑니다. 고향 떠난 사람들은 동향인들끼리 친목 모임을 만들어 정을 나눕니다. 학연이나 지연에 매여 공정성과 합리성이 결여된 선택을 하는 경우가 있어서 정이

해로운 것처럼 떠들기도 합니다만, 정은 우리를 편안하게 해주고, 우리는 그 속에서 안온함을 느낀다는 것을 생각하면 폐기해버리기에는 아까운 면이 있습니다.

다만 시대가 변하고 삶의 방식이 바뀐 만큼 가까운 이웃이나 학교 동문, 고향 사람들에 국한하여 정을 나누던 과거의 범주에서 벗어나보면 어떨까 조심스럽게 제안해봅니다. 취미나 관심사별로 모이는 인터넷 동호회도 좋은 대안이 될 수 있겠습니다. 정에 굶주린 사람들에게 정을 나누어주는 봉사모임도 좋겠지요. 우리 주위에는 정에 굶주린 사람들이 많이 있습니다. 눈 돌려보면 소외된 빈곤층이나 독거노인, 소년소녀 가장 등 정을 필요로 하는 이들이 있습니다. 봉사도 하고 정도 나누다보면 절망에 빠져 있던 이들에게도 이 세상이 좀 더 살만한 곳으로 느껴지고, 우리의 삶도 보람차고 풍요로워질 겁니다.

저는 늦은 나이에 여아 쌍둥이를 입양하여 키우고 있는데요. 병약하고 사람을 경계하던 아이들이 점점 밝아지고 마음을 열어가는 모습을 보면 기쁘기 그지없습니다. 부모의 정을 느끼지 못하던 아이들이 정이라는 게 무엇인지 알아가고, 저와 아내에게도 아이들과 함께 정을 나눌 수 있다는 건 큰 축복입니다. 민들레가 사람들에게 건강을 나누어주듯 우리도 많은 사람들과 아낌없이 정을 나누며 살아가면 좋겠습니다.

자(慈)

민들레 꽃줄기를 자르면 나오는 하얀 진액은 엄마의 젖을 연상시킵니다. 그 하얀 진액은 먹을 것 없던 시절, 어떻게든 갓난아기에게 젖을 먹이려고 노심초사하던 어머니의 마음을 떠올리게 합니다. 한약재로서 민들레는 젖이 잘 나오게 하는 최유(催乳) 효능이 있으니 민들레에서 어머니의 자애로움을 느껴도 어색할 것이 없습니다.

어머니는 늘 새벽기도를 다니셨습니다. 관절염을 앓아 다리가 불편하신 어머니가 걱정스러워, 간간이 어머니를 따라 나서기도 했습니다. 집에서 나와 새벽녘 어둠을 헤치고 논두렁을 따라 500미터쯤 걸으면 교회였습니다. 아픈 다리로 쩔뚝거리며 가기에는 벅찰 법도 했습니다만, 새벽기도를 거르시는 법은 없었습니다.

어머니의 기도는 언제나 간절했습니다. 자식들의 이름을 하나하나 새기며 기도하시던 모습은 아직도 생생합니다. 빚보증이 잘못돼 전답을 날리고 난 후, 어렵게 살면서도 자식들만은 잘 되리라는 희망의 끈은 놓지 않으셨던 어머니셨습니다. 마치 그늘진 곳에 피어난 민들레가 온갖 모진 바람을 맞으면서도 굳건히 자리를 지키듯이 어머니도 그러하셨지요.

어머니가 안 계신 지금은 저와 아내가 함께 새벽기도를 다닙니다. 가족의 안녕은 물론 가난하고 소외된 이들이 행복하게 살 수 있는 좀 더 따뜻한 세상을 기도합니다. 깊고 넓은 어머니의 사랑을 떠올리며, 아울러 많은 이들을 포근한 사랑으로 감쌀 수 있는 넓은 마음을 가질 것도 다짐해봅니다.

효(孝)

왜 효를 말했을까요. 온갖 약효로써 부모의 건강을 챙겨줄 수 있기 때문에 민들레에서 효를 말할 수 있었을지도 모르겠습니다. 아니면 자식들 간의 우애를 생각해볼 수도 있겠습니다. 민들레꽃은 한 송이처럼 보이지만, 실은 200여 개의 낱꽃이 모여 이루어진 꽃입니다. 하지만 서로 다투는 법이 없지요. 서로서로 의지하여 얌전히 살다가 때가 되면 '분가'를 합니다.

다른 한편으로 보면, 때가 되면 주저 없이 떠나는 씨앗에서 냉정함이 느껴지기도 합니다. 부모 곁을 훌쩍 떠나는 모습 같아 차가워 보이기까지 하니까요.

글쎄요. 효(孝)하는 방법에는 여러 가지가 있고, 입신양명도 그중의 하나라 할 수 있을 텐데요. 부모 품에 안주하지 않고 세상을 향해 나아가 새로운 터전에서 자리 잡는 그 모습을 보고 선현들은 자수성가, 입신양명을 떠올렸을지도 모를 일입니다. 캥거루족이라 해서 성장 후에도 부모 품을 벗어나지 못하는 젊은이들이 많은 것이 오늘의 현실이고 보면, 당당하게 떠나 홀로 세상에 서는 것이야말로 요즘 부모들이 가장 바라는 바는 아닐까요?

인(仁)

인(仁)을 맹자의 사단(四端)으로 말하면 측은지심(惻隱之心)입니다. 어려운 처지에 놓인 사람을 사랑하고 가엾게 여기는 마음이지요. 민들레는 흔히 구할 수 있는 먹거리이며 약재입니다. 인삼이나 녹용처럼 고가의 약재가 아니므로, 가난한 서민도 쉽게 음식으로 해먹으며 건강을 챙길 수 있으니 서민의 명약이라 할 수 있겠습니다. 이런 생각으로 민들레를 보면, 겉모습은 화려하지 않지만 서민을 위하는 그 면모가 마치 측은지심을 갖춘 군자처럼 보이기도 합니다.

세상이 분화되면서 자꾸 기능적인 것만 강조되어 그런지, 인(仁)을 말하는 사람은 찾아보기 어렵습니다. 일국의 대통령을 뽑을 때조차도 덕성은 간과하는 세상이 되어버렸습니다.

전통사회에서 인성을 중시하고 바른 품성을 가르치려 애쓴 이유가 무엇일까요? 그것은 좋은 품성을 갖추지 못한 채 재주만 부릴 줄 알면, 결국 천박한 기교에 빠지기 때문일 겁니다. 그런 사람은 결국 주변 사람들을 배신하고 해로움을 끼칩니다.

우리 사회가 좀 더 따뜻하고 살만한 곳이 되려면 인의 가치가 회복되어야 하고, 위정자(爲政者)가 먼저 인(仁)을 갖추기 위해 노력해야 할 것입니다.

용(勇)

꽃이 지고 홀씨가 되어 바람에 몸을 싣는 그 모습을 보면 정말이지 용감하다는 생각이 들지 않을 수 없습니다. 용감함을 넘어서 무모해보이기도 합니다만, 그래도 종의 보존을 위해 자신을 던지는 것이니, 무모함보다는 용감함이라 해야 할 것 같습니다. 우산털까지 매달아 장거리 비행 준비를 마치고 조금이라도 멀리 가려 하는 것을 보면, 바람에 떠밀려 억지로 떠나는 것과는 분명 다릅니다. 익숙한 공간을 떠나 미지의 세계로 향하는 그 모습은 당당하기까지 합니다. 아마도 자신과 자연의 섭리에 대한 강한 믿음이 바탕에 깔려 있겠지요.

요즘 젊은이들에게 가장 부족한 것을 꼽으라면 저는 단연코 '용기'를 말하겠습니다. 대학생들을 보면, 안정된 직장을 찾느라 고시준비나 취업스펙 만들기에만 몰두합니다. 남들이 가지 않는 길은 일단 꺼리고, 검증된 안전한 길로만 가려 합니다. 안전한 길만 선호하다보니 뛰어난 인재들이 죄다 의사, 변호사, 공무원이 되려고 몰려듭니다. 좋은 머리로 좀 더 창의적인 분야에서 능력을 발휘하면 좋을 텐데요.

안전성을 선호하는 추세는 사회문제에 대한 무관심으로도 드러납니다. 현 정권 들어 민주주의가 후퇴하고 있고, 각종 비리가 터지고 있지만 대학생들의 관심은 예전 같지 않습니다. 서슬 퍼런 군사독재 하에서 투쟁하던 젊은 혈기는 어디로 간 것일까요.

사실 따지고 보면 모두 기성세대 탓입니다. 1998년 금융위기를 자초했던 것도 기성세대요, 나만 잘 살면 된다고 가르친 것도 기성세대입니다. 사회의 정의도, 불의에 항거하는 용기보다 나의 안일을 위하여 참는 '미덕'을 가르친 것도 기성세대입니다.

눈앞의 이익에 매몰되지 않고, 국가와 사회의 미래를 멀리 내다보며 정의를 외치던 젊은 패기가 그립습니다. 저를 포함한 못난 기성세대들이 먼저 반성해야 합니다. 저부터 바르게 사는 모습, 당당하게 사는 모습으로 모범을 보이겠습니다. 젊은이 여러분들이 따라 해도 부끄럽지 않을 본보기를 보여드리고 싶습니다.

야사(野史) 속의 민들레

포공영(蒲公英)은 젖의 종기를 치료하는 성약(聖藥)이다. 여러 의학서적에는 "밭두둑, 길 옆 모든 장소에 있다. 초봄에 꽃이 피고 꽃이 지면 눈송이 같은 것을 날리는데 그것이 무엇인지는 정확하게 알 수 없다."라고 기록되어 있다.

무술년(戊戌年, 1598년) 천병(天兵)이 왔을 때 대여섯 군락이 막사 인근에 있었는데 천병이 그것 하나를 캐서 삶아 먹고 있었다. 그들에게 물어보니 다음과 같이 대답했다.

"포공영이다. 속칭으로는 두응구라채(豆應仇羅菜)이다. 꽃을 피우면 꽃잎이 마치 국화와 같고 줄기를 꺾으면 하얀 즙을 내고 어린아이가 불어 소리를 낼 수 있는 것이다."라고 대답했다.

이때부터 젖앓이를 하는 사람이 있으면 본방(本方)에 따라 포공영 2푼, 인동초(忍冬草) 1푼에 술을 한 잔 붓고 물로 끓여 복용하면 효험을 볼 수 있었다. 천하디 천한 사물이 어떻게 기사회생의 효력을 지녔는지 누가 알았겠는가? 우수마발(牛溲馬渤: 소 오줌과 말 똥)이라도 옛 사람들이 가벼이 버리지 않았던 것은 바로 이 때문이었다.

(출처: ≪寒皐觀外史≫ v40 效嚬雜記下, www.aks.ac.kr)

* ≪寒皐觀外史≫: 김려(1766~1822)가 쓴 야사 총서

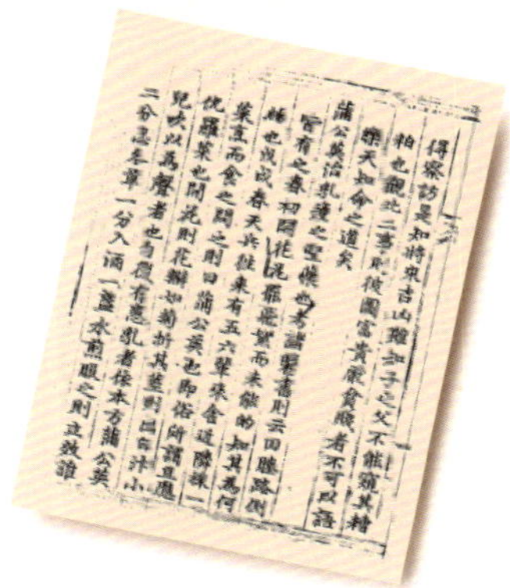

민들레의 생태

민들레는 국화과에 속합니다. 국화과에는 국화는 물론이고 우리가 잘 아는 해바라기와 민들레, 쑥부쟁이, 코스모스 등이 포함됩니다.

민들레를 캐보면 길고 곧은 뿌리가 눈에 띕니다. 잎은 뿌리에서 바로 올라오고 줄기가 없어요. 꽃이 필 때만 꽃줄기가 올라옵니다. 잎은 땅바닥에 붙다시피 해서 사방으로 퍼지는데 잎에는 톱니모양 털이 있습니다.

중심부에는 관상화, 주변부에는 설상화로 구성되어 있는 해바라기의 예

민들레꽃은 3~5월에 주로 핍니다. 하나의 꽃처럼 보이지만, 민들레는 사실 200여 개의 낱꽃이 모여 이루어진 꽃입니다. 여러 개의 꽃이 하나의 머리모양을 이루었다 하여 두상화(頭狀花)라고도 하지요. 두상화를 이루는 낱꽃들의 형태에 따라 설상화(舌狀花)와 관상화(管狀花)로 구별하는데, 민들레꽃은 설상화만으로 이루어져 있습니다.

여러 개의 낱꽃으로 이루어져 있는 민들레꽃

민들레꽃의 낱꽃들은 봄이나 초여름에 각각 열대로 성숙하는데, 열매 안에 씨앗이 한 개씩 들어 있습니다. 열매 끝에는 꽃받침인 깃털이 변해서 된 우산털이 달려 있습니다. 우산털은 낙하산 모양이어서 바람에 잘 날려 멀리 이동할 수 있습니다.

바람에 날려가던 씨앗이 어딘가에 떨어지면, 그 자리에서 뿌리를 내리고 새로운 생을 시작합니다. 토종민들레는 한두 해 잎을 피우고 난 뒤에 꽃을 피우고, 서양민들레는 바로 그 해 꽃을 피운다고 합니다. 한 포기에서 여러 개의 꽃줄기가 올라오는데, 동시에 올라오지 않고 시차를 두고 올라옵니다. 이를 두고 예의 바른 꽃이라고 말하기도 하지요. 하지만 여러 개의 꽃을 동시에 피우지 않는 진짜 이유는 개화에 시차를 둠으로써 수분과 수정을 할 때 꽃들끼리 경쟁하지 않도록 하기 위함이라고 합니다.

Part 2

민들레 동의보감

화나세요? 소화기를 드릴까요? • 약은 가까운 곳에 있습니다

최고의 의사는 바로 나, 그리고 가족 • 나의 건강비결

염증에 좋은 민들레 • 노화방지에 좋은 민들레

유방 질환에 좋은 민들레 • 유방 질환은 남편 책임?

본초서 속의 민들레

민들레포럼을 창립하고 민들레동산을 가꾼 것도 아름다운 세상을 만들기 위한 노력의 하나입니다.
민들레 꽃씨가 멀리 날아가 산과 들을 하얗고 노랗게 물들이듯이
사랑과 나눔의 가치가 확산되어 이 세상이 보다 살만한 곳이 되었으면 하는 바람입니다.

화나세요? 소화기를 드릴까요?

석화 같이 빠른 빛 속에서 길고 짧음을 다툰들 그 세월이 얼마이며,
달팽이 뿔 위에서 자웅을 겨룬들 그 세계가 얼마나 크겠는가.

—《채근담(菜根譚)》

우리의 삶은 경쟁의 연속입니다. 학창시절에는 공부를 잘 하기 위해, 좋은 대학을 가기 위해 경쟁합니다. 요즘처럼 청년실업률이 높은 시대에는 취업하는 것도 만만치 않습니다. 사정이 그러하니 대학 신입생 시절부터 취업을 염두에 두고 학교생활을 시작합니다. 대학생들 이야기를 들어보면, 대학의 낭만으로 간주되던 동아리조차 취업에 도움되는 곳에만 신입생이 몰린다고 합니다.

어렵게 취업의 관문을 뚫고 나면 승진을 위해 동료와 경쟁합니다. 또 경력이 쌓이면 직장 내 선배와 후배 사이에 끼어서 살아남기 위한 안간힘이 시작됩니다. 그 과정에서 승진하는 기쁨도 누려보고, 해당분야에서 전문가로 대우받으며 행복감에 젖어보기도 합니다. 노력에 대한 보답이요, 살아가는 데 새로운 동력이 되어줍니다. 열심히 살아온 지난 세월을

돌이켜보면 제 삶을 이끈 것 역시 경쟁이구나 하는 생각이 듭니다.

하지만 경쟁이 좋은 것만은 아닙니다. 경쟁 속에서는 앞만 보고 뛰어야 합니다. 곁눈질 할 새가 없지요. 그렇게 하지 않으면 도태되니까요. 우리 나이쯤 돼서 경쟁에서 살짝 물러나면 비로소 경쟁의 이면에 드리워진 짙은 그늘이 눈에 들어옵니다. 직장 내에서 인정은 받을지언정 가족 간의 사랑, 어릴 적 친구와의 우정, 주위에 대한 관심 등 정작 소중한 다른 것들을 놓쳤다는 사실을 뒤늦게 깨우칩니다.

우리가 잃은 또 한 가지는 그에 못지않게 소중한 건강입니다. 병원에서 진단을 받아보면 콜레스테롤 수치가 높다, 지방간이 있다, 혈압이 높다 등등 마음은 아직 청춘인데 몸은 조심하라는 경고를 보내옵니다. 불규칙한 생활과 술, 담배로 인한 성인병도 어느새 익숙해집니다. 몇몇 친구들은 뭐가 그리 급했는지 세상을 등지기도 합니다.

소중한 사람들을 잃고 건강도 잃고 나면, 명예와 부를 얻기 위한 그 경쟁들이 과연 그만한 가치가 있었던 것인지 묻게 됩니다. 《장자》의 허유(許由)는 왕위를 물려주려는 요(堯)임금의 제안을 거절합니다. 허유는 "뱁새가 깊은 숲에 둥지를 지어도 나뭇가지 하나면 족하고, 두더지가 강물을 마신다 해도 작은 배를 채우는 것에 불과하다."며 거절합니다. 안분지족(安分知足)의 도를 안 것입니다.

하지만 우리는 허유 같은 인물이 못되지요. 하물며 한창 일할 젊은 시기에 안분지족의 도를 깨우치기란 쉽지 않습니다. 우리의 눈은 더 많은 것, 더 큰 것, 더 좋은 것을 향하고, 그것을 얻기 위해 경쟁할 뿐입니다. 그런데 욕심이란 채워도 채워지지 않고, 채우려들면 오히려 더욱 허기지는 이상한 놈인가 봅니다. 욕심이 크면 클수록 목표와 현실적 한계의 괴리에서 스트레스는 심해지고 건강은 나빠집니다.

화가 나면 소화기를!

우리말에 '화나다' 라는 표현이 있습니다. 비슷한 말로 '열나다' 도 있습니다. 사전을 찾아보면, '성이 나서 화기(火氣)가 생기다' 로 뜻풀이가 되어 있습니다. 노기가 동하면 얼굴이 벌게지고, 심하면 눈도 충혈되는데 그 모습이 마치 화기가 올라오는 것과 흡사하기에 생긴 표현이겠지요. 어쩌면 한의학에서 병의 원인 중 하나로 꼽는 화(火)에 어원을 둔 것인지도 모르겠습니다.

한의학에서 화는 발병의 원인이 되는 사기(邪氣) 중 하나입니다. 사기란 정기(正氣)에 상대되는 말로, 사람의 생명력이 되는 바른 기운, 즉 정기를 갉아먹고 해치는 원인을 의미합니다. 외부에서 오는 사기를 풍(風), 한(寒), 서(暑), 습(濕), 조(燥), 화(火) 여섯 가지로 요약하여 육음(六淫)이라고 합니다. 축축한 곳에 오래 머물면 몸이 무거워지고, 날씨가 메마르면 피부가 건조해지는 그런 경험을 떠올리면 됩니다.

이 여섯 가지 사기는 외부에서 오는 것을 지칭하지만, 내부에서도 일어나서 병의 원인으로 작용합니다. 가령 비(脾)가 습해지면 소화가 잘 안 되고, 폐가 건조해지면 마른기침을 하게 되는 것이 그 예입니다.

《동의보감》은 장부에서 일어나는 열은 육욕칠정(六慾七情)에 근원한다고 하였습니다. 그래서 크게 노하면 화가 간에서 일어나며, 술과 안주를 많이 먹으면 위(胃)에서 화가 일어나고, 성생활이 과도해지면 신(腎)에서 화기가 일어나며, 슬픔이 심하면 폐(肺)에서 화기가 일어난다고 합니다. 그래서 화기는 사람의 정기를 해치는 적이라고 말합니다.

어떻습니까. 경쟁에서 이기기 위해 우리는 눈에 불을 켜고 내달립니다. 지면 분하고 열나지요? 기쁜 일 있으면 좋아서 술 한 잔, 슬픈 일

1610년 허준이 지은 《동의보감》

있으면 슬픔 달래느라 또 한 잔……. 회식자리도 많습니다. 많이 마시고 먹습니다. 또 누가 내 자리를 노리지나 않을까 늘 경계상태입니다. 이 모든 것이 화(火)를 조장합니다. 오늘처럼 경쟁이 치열한 세상에서 사람들의 마음은 화로 가득할 수밖에 없습니다. 초등학생조차도 이 학원, 저 학원으로 전전하면서 시험 잘 보기 위해 경쟁심을 불태우지 않습니까? 평생을 이렇게 화기 속에서 사는데 간, 심, 비, 폐, 신 어느 것이 뜨겁지 않겠습니까.

그뿐만이 아닙니다. 종종 국무위원 인사청문회를 보면 속 터질 때가 한두 번이 아니지요? 사회지도층이라는 사람들이 자녀를 좋은 학교에 보낼 욕심에 위장전입하는 건 예사고, 축재를 위해 부동산 투기하는 경우도 적지 않더군요. 이처럼 치명적인 도덕적 결함에도 법질서를 다루는 고위 관직에 임명되는 것을 보면 참담하기까지 합니다. 이런 것도 모두 화를 유발합니다. 밤늦게 술 마시다 귀가가 늦어지는 남편 걱정에 아내 가슴은 타들어갑니다. 이것도 화입니다.

화나는 일이 많은 세상을 살아가기 위해서는 자신의 마음을 다스리기 위한 방법 하나쯤은 갖고 있어야 할 것 같습니다. 종교를 갖고 있다면 해당 종교의 기도법 내지는 수행법을 활용하는 게 좋겠지요. 아니면 명상하듯이 산책을 해보는 것도 좋습니다. 저는 낙천적인 데다, 지나간 일에 연연하지 않는 성격이어서 스트레스를 크게 받지 않는 편입니다. 그럼에도 일이 뜻대로 되지 않아 답답할 때에는 기도를 하거나 가볍게 스트레칭을 합니다. 산책도 해보고요.

화기가 심해서 오장육부와 기혈(氣血)에 영향을 미치고 있다면, 산책이나 명상, 기도보다 직접적으로 몸에 작용하는 약이 필요합니다. 신체 증상으로 보면 "얼굴이 벌겋거나 눈이 충혈되는 것, 가슴이 답답하거나 갈증이 있거나 소변이 붉고 양이 적어지는 것, 대변이 굳어지는 것" 등이 모두 화로 인한 증상입니다. 아토피 같은 피부질환도 열 때문에 발생하는 경우가 많습니다. 여러 가지 염증반응들도 화로 볼 수 있습니다.

한의학에서는 화기를 끄기 위해서 청열(淸熱)하는 약을 씁니다. 청열하는 약은 주로 맛은 쓰고 차가운 성질을 가진 것들이 많습니다. 한의학에서는 약물의 효능을 약의 맛과 차고 더운 성질에 따라 정의합니다. 열을 내려야 할 때는 찬 약을 쓰고, 열을 올려야 할 때는 더운 약을 씁니다. 또 쓴 약은 기운을 아래로 내려준다고 하여, 화기를 내리는 데 씁니다.

제가 늘 자랑하는 민들레는 청열의 대표적인 약 가운데 하나입니다. 특히 해독과 양혈작용이 뛰어나서 종기를 제거하고, 염증을 제거하는 용도로 많이 활용됩니다. 민들레가 훌륭한 점은, 대부분의 청열약이 갖고 있는 단점이 없다는 점입니다. 청열약은 쓰고 차가운 약이 많다고 했는데요, 쓰고 차가운 약은 오래 먹게 되면 위(胃)에 좋지 않다고 합니다.

하지만 민들레는 순해서 그러한 문제가 발생할 가능성이 매우 적다는 것이 일반적인 평

가입니다. 이러한 민들레의 특성은 굉장한 장점입니다. 약을 장복(長服)해야 할 경우가 적지 않으니까요. 장기간에 걸쳐 열독을 제거하려 한다면 가장 먼저 떠올려야 할 약이 민들레입니다.

스트레스란

스트레스란 스트레스 요인에 대항하기 위한 심신의 변화과정을 뜻한다. 즉 외부로부터 위협이나 도전을 받게 되면 생존을 위해 생리적인 반응이 나타나는데, 긴장, 흥분, 각성, 불안 등으로 표출된다. 정확히 말하면 외부요인을 스트레서(stressor)라 하고, 정상으로 돌아가기 위한 반작용을 스트레스(stress)라고 한다. 우리가 흔히 말하는 스트레스란 스트레서를 잘못 말한 것이다.

뇌의 시상하부가 외부의 자극에 대하여 교감신경을 흥분시켜 경계를 활성화시키고, 그 자극에 의해 카테콜아민(도파민, 노어에피네프린, 에피네프린의 통칭)이 분비된다. 카테콜아민에 의해 혈관이 수축되고 심장의 운동은 빨라진다. 이는 비상시에 필요할지 모르는 에너지를 만들어내기 위한 것으로 이에 필요한 탄소와 포도당을 온몸에 빠르게 공급하는 역할을 한다.

또 폐는 산소공급량을 늘리기 위해 빠르게 활동한다. 반면 위장은 활동을 잠시 멈추는데, 비상 상황에서 위장의 필요성은 적기 때문이다. 스트레스를 받으면 소화가 안 되는 이유다.

스트레스를 받으면 초기 심박이 증가하고 호흡이 빨라지며 혈압이 상승하고 소화가 되지 않는데, 이것은 나를 보호하기 위한 신체의 반응으로 극히 자연스러운 것이다. 하지만 스트레스로 인한 반응이 과도하면 불안이 커지고 오히려 적절한 대응을 저해하므로 스트레스에 대한 지나친 반응도 바람직하지 않다. 문제 해결에 부정적으로 작용하기 때문이다. 따라서 스트레스는 적절히 제어될 수 있어야 한다.

스트레스 줄이는 비법 몇 가지

• 어찌할 수 없는 상황이라면 피하기보다는 받아들이면서 대안을 도석한다.

불편한 상황이 다가올 때, 피할 수 없는 것이라면 그냥 받아들이는 것이 좋다. 그래야 효과적으로 대책을 모색할 수 있으니까. 피할 궁리만 하다보면 시간만 낭비하게 된다.

• 심사숙고하여 행동하되, 행한 뒤에는 결과에 연연하지 않는다.

이미 결정한 일은 되돌릴 수 없다. 계속하여 미련을 갖는 것은 오히려 정신건강에 해로울 뿐이다.

• 사람들과 편한 관계를 유지한다.

사람들과의 관계가 좋으면 스트레스 유발요인도 감소하거니와, 스트레스로 인한 우울한 정서 해소에도 도움이 된다.

• 적당한 운동으로 긴장을 풀어준다.

운동을 하면 산소공급이 증가하여 뇌에 산소가 많아지고 스트레스 완화에 도움이 된다.

• 문제 상황에서 빠져나와 멀리서 바라본다.

문제 상황에 매몰되어 있을 때에는 해결책이 보이지 않을 때가 많다. 멀리서 거리를 두고 볼 때 사태가 비로소 객관적으로 보인다.

• 깊은 복식호흡으로 흥분을 가라앉힌다.

빠른 호흡은 순간적으로 힘을 낼 때 유리하고, 깊은 호흡은 긴장을 완화하는 데 도움이 된다.

• 술, 담배에 의존하지 않는다.

당장은 좋은 것 같아도 장기적으로는 신체 기능이 떨어져 부정적으로 작용한다.

약은 가까운 곳에 있습니다

자연과 시간과 인내는 위대한 세 의사다.

–헨리 본(Henry Vaughan)

'피로회복제는 약국에 있다' 는 광고카피를 보신 적 있지요? 모 드링크제 광고입니다. 이제는 약국 아닌 곳에서도 판매가 허용되어 더 이상 유효한 광고카피는 아니겠네요. 이 카피를 패러디해서 저는 이렇게 말하고 싶습니다. '약은 가까운 곳에 있다' 고.

어릴 적만 해도 시골에서는 약을 구하기가 쉽지 않았습니다. 약을 구하려면 차를 타고 읍내까지 나가야만 했지요. 그렇다고 병이 났는데 속수무책으로 손놓고 있었던 것은 아닙니다. 배가 아플 때는 설탕물을, 설사가 나면 칡뿌리를 먹었고, 위장이 약한 사람은 삽주 뿌리를 달여 먹었습니다.

가족 중 누가 아프기라도 하면 할머니는 산이나 들판에 나가 우리는 무엇인지도 모르는 풀뿌리를 캐오셨고, 급한 대로 응급치료를 하곤 했습니다. 그러한 경험들이 축적되어 마을마다 전승되었고, 열악한 의료환경에도 불구하고 마을사람들이 건강을 유지하는 비결이 되었지요. 의사의 힘을 빌지 않았으니 민간요법이라 해야겠네요. 해법은 멀지 않은 곳에 있었습니다.

약초에 얽힌 다양한 설화 속에도 그러한 경험의 흔적이 고스란히 남아 있습니다. 다음은 차전초에 관한 이야기입니다.

"중국 서한시대에 오랜 행군으로 병사와 말이 모두 지쳐가고 있었습니다. 군량미는 다 떨어졌고 마실 물도 구할 길이 없었습니다. 설상가상 피오줌을 보는 병사가 늘어가기 시작했습니다. 말들 또한 피오줌을 싸기 시작했습니다. 방광에 습열(濕熱: 습기와 열기)이 찬 탓이었습니다. 묶여 있던 말들을 안쓰럽게 여긴 병사가, 알아서 풀이라도 맘껏 뜯어먹으라고 말들을 풀어주었습니다. 그런데 이상한 일이 생겼습니다. 무엇을 먹었는지 말들이 신기하게도 건강을 회복한 것이었습니다. 놀란 병사들은 말이 무엇을 먹었는지 찾아보았고, 돼지 귀처럼 생긴 풀을 발견했습니다. 혹시나 하는 마음에 그 풀을 달여 병사들에게 먹이자 병사들 또한 병이 나았습니다. 마차 바퀴 밑에서 구한 풀이라 하여 차전초(車前草)라고 불리게 되었습니다."

우리말로 질경이라고 하는 차전초

차전초는 바로 우리가 잘 아는 질경이입니다. 질경이는 우리 어릴 적에 소변에 문제가 있을 때 달여 먹곤 했던 풀입니다.

세 개의 가지에 한 가지마다 세 개의 잎이 핀다 해서 삼지구엽초라 불리기도 하는 음양곽 이야기는 더욱 재미있습니다.

"중국 사천지방에 양을 치는 목동이 있었는데, 숫양 한 마리가 백여 번이나 교미를 하였습니다. 신기하게 여긴 목동이 그 숫양을 잘 관찰해보니, 어떤 풀을 열심히 먹는 것이었습니다. 목동이 그 풀을 먹자 그 역시 정욕이 왕성해졌습니다. 음탕한 양이 먹던 풀이라 해서 음양곽(淫羊藿)이라 불리게 된 이 풀은 양기를 북돋는 약으로 쓰입니다."

약이 가까운 곳에 있다는 제 말씀이 아직도 실감나지 않으신다면, 좀 더 가까운 곳에 있는 약 이야기를 해볼까요? 무는 깍두기나 동치미를 담가먹는 아주 친숙한 먹을거리입니다. 그런 무에도 탁월한 약효가 있답니다.

《본초강목》에 의하면 무는 "관절을 부드럽게 하며 안색을 좋게 하고, 오장(五臟)의 악기(惡氣)를 몰아낸다. 독을 제어하며 풍(風) 기운을 움직이게 하여 사기(邪氣)와 열기(熱氣)를 제거한다."고 되어 있습니다.

무를 먹으면 기운이 아래로 내려가고 음식을 소화시켜 속이 편해진다고 익히 알려져 있습니다. 동치미 국물을 마시면 소화가 잘 된다고 말하는 어르신들을 주위에서 더러 보셨을 겁니다. 이미 경험을 통해 알고 계신 겁니다.

삼지구엽초로도 불리는 음양곽

약초라 하면 깊은 산골에 있는 이름 모를 풀만 생각하셨을지 모르겠습니다. 가까운 산과 들에 피어있는 잡초들 중에 약으로 쓰이는 것이 상당히 많고, 더 가까이 우리 식탁에 오르내리는 익숙한 채소와 곡식들 중에도 약성을 갖고 있는 것들이 제법 많습니다. 민들레도 그 중의 하나인 것입니다.

《동의보감》을 보면 정말이지 '약'이 많습니다. 예를 들면 흰콩은 오장(五臟)을 보하고 12경맥을 도우며 속을 조화롭게 하고, 장위(腸胃)를 따뜻하게 한다고 돼 있습니다. 팥은 소변이 잘 나오게 하고, 곪이 붓고 창만(脹滿: 배가 불러오며 속이 그득한 것)한 것을 내린다고 되어 있습니다. 또 포도는 소변이 잘 나오게 하고 기운을 북돋워준다고 합니다.

이렇듯 《동의보감》에는 우리가 알만한 거의 대부분의 곡식, 과일, 생선, 채소 등 먹거리의 약성이 언급되어 있습니다. 그러니 먹거리 가운데 약 아닌 것은 없다고 할 수 있겠습니다.

친숙한 재료들도 잘만 활용하면 건강을 유지하는 데 큰 도움이 될 수 있습니다. 약으로 된 밥상을 꾸밀 수 있다 해도 과언이 아닙니다. 그래서 나온 말이 약식동원(藥食同源)입니다. 약과 음식의 근원이 같다는 말인데요. 음식을 잘 가려 먹으면 건강에 좋다는 의미로 해석해도 무리가 없을 것 같습니다.

약성이 강한 것은 약이고, 약한 것은 음식입니다. 우리는 음식을 위주로 해서 그 경계에 있는 약초 정도만 활용하면 되겠습니다. 먹거리로 활용되는 재료들은 약성이 있다 해도 완만하기 때문에 부작용을 걱정할 필요도 없습니다.

민들레는 한약 처방에도 들어가는 명실상부한 약임에도 불구하고 약성이 강한 편은 아닙니다. 이와 관련해서 어떤 한의학 본초서에는 "민들레를 오랫동안 먹어도 된다."고 적고 있기도 합니다. 실제로 민들레는 가정에서 나물로도 많이 무쳐먹던 음식이었습니다.

영양식 혹은 보양식을 너무 멀리서 찾지 맙시다. 돌아보면 바로 우리가 늘 대하던 먹을거리가 모두 약이니까요.

《동의보감》을 통해 살펴본 주요 먹을거리의 효능

좁쌀: 신(腎)의 기운을 북돋고 비위의 열을 제거하며 기운을 보태주고 소변이 잘 나오게 한다.

누룩: 위를 편안히 하고 곡식의 소화를 도우며 설사를 멎게 한다.

식초: 옹종을 없애주고 산후나 출혈로 생긴 어지럼증을 없애준다. 어육과 채소의 독을 제거한다.

엿: 기력을 보태주고 담(痰)을 없애며 기침을 멎게 한다.

사람 젖: 오장을 보하고 피부와 모발을 윤택하게 한다.

돼지고기: 열을 풀어주고 뼈와 근육이 약한 것을 치료한다. 갑자기 살찌게 한다. 오래 먹어선 안 된다. 족발은 젖이 나오게 하며, 지방은 피부에 좋다.

소고기: 비위를 돕고 구토 설사를 멎게 하며 갈증을 없애준다. 부기를 내리고 근골을 강하게 하며 허리와 다리를 튼튼하게 해준다.

조기: 소화가 잘 되게 하고, 배가 팽만할 때나 갑작스러운 설사에 좋다.

붕어: 위의 기운을 고르게 하여 오장을 보한다. 이질로 설사를 하거나 위가 약해 소화되지 않을 때 좋다.

오징어: 살은 기를 보하는데, 여자는 월경이 잘 되게 하고, 오래 먹으면 남자의 정(精)을 길러 자식을 보게 한다.

게: 위장의 기운을 도와 소화가 잘 되게 한다. 가슴에 열이 뭉친 증상이나 옻이 오른 데도 좋다. 산후에 배가 아프거나 피가 나오지 않을 때에도 좋다.

매실: 갈증을 멎게 하고 가슴의 열기를 제거하는 데 좋다.

배: 열을 내려주고 가슴 답답한 것을 멎게 한다. 갈증에 좋은데, 술로 인한 갈증에 더욱 좋다.

참외: 갈증을 멎게 하고 번열을 없애며 오줌을 잘 나오게 한다. 기가 막힌 것을 통하게 하고 입과 코의 헌데를 치료한다.

부추: 위장의 열을 제거하고 허한 것을 보해준다. 허리와 무릎을 따뜻하게 한다. 가슴의 나쁜 피와 기운이 정체된 것을 풀어주고, 간에 기운을 보태준다.

최고의 의사는 바로 나, 그리고 가족

이른 아침의 산책은 하루를 위한 축복이다.
–헨리 데이비드 소로(Henry David Thoreau)

의료보험 적자 문제가 심각하게 대두되고 있습니다. 2010년에 이미 연간 적자 규모가 5조 원을 돌파했으며, 2012년 초가 되면 의료보험 재정이 바닥날 걸로 예상되고 있습니다. 사정이 이렇다보니 세계보건기구(WHO)조차도 이례적으로 제도 개선을 충고하고 나섰습니다.

이처럼 우리나라 의료보험 재정이 파탄에 이르게 된 데에는 여러 가지 원인이 있겠습니다만, 그 가운데 '의료 과소비'가 한몫하고 있음을 부정하기는 힘들 겁니다. 의료쇼핑이라는 말이 나올 정도니까요.

감기 같은 가벼운 질병에 걸려도 동네의원보다는 좀 더 큰 병원을 가려 하고, 조금 미심쩍다 싶으면 대학병원 가서 여러 가지 검사를 받고 싶어 합니다. 좀 더 정보가 빠르고 여력만 된다면 소위 '명의(名醫)'를 찾아다니기도 합니다. 질병에 대한 두려움, 건강하고 싶은 욕구야 인지상정이니 무어라 탓하기는 힘든 면이 있는 것도 사실입니다.

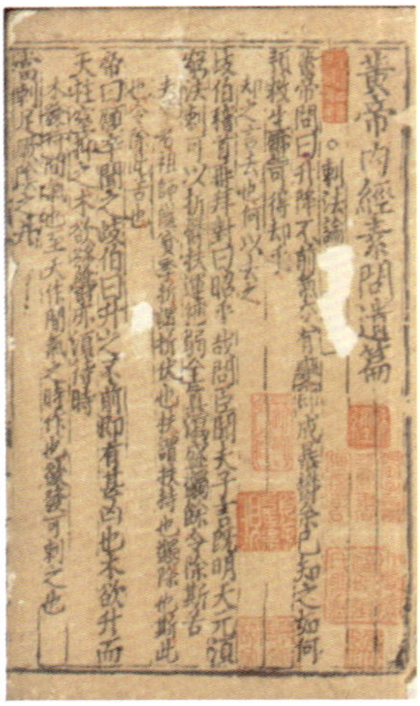
黃帝內經素問遺篇

刺法論

중국에 현존하는 의학이론서 중 가장 오래된 《황제내경》

그런데 혹시 어떤 의사가 명의일까 생각해보신 적 있나요? 낯빛만 봐도 어디에 무슨 병이 있는지 손쉽게 간파하는 의사일까요? 아니면 전이가 상당히 진행된 암세포들을 능수능란하게 제거하는 의사일까요? 그도 아니라면 가난한 환자를 위해 기꺼이 무료 시술을 펼치는 자애심 넘치는 의사일까요?

물론 환자의 상황에 따라서 최고의 명의는 따로 있을 겁니다. 수술비 마련에 애태우던 환자라면 무료시술 해주는 마음씨 좋은 의사가 제일이요, 암세포가 자꾸 퍼져 절망하는 환자에게는 전이를 차단할 수 있는 능력 있는 의사가 제일이겠지요.

한의학 최고(最古) 의서인 《황제내경》*1에서는 또 다른 관점으로 최고의 의사를 말하고 있습니다. 이에 따르면 의사는 '불치이병(不治已病) 치미병(治未病)'이라, 즉 이미 발병한 뒤에 치료하지 말고 발병하기 전에 치료해야 한다는 것입니다. 그것이 최고의 치료법이고, 성인(聖人)의 치료라는 것입니다.

이러한 관점에 따르면, 제아무리 뛰어난 의사가 환자를 치료한다 해도 하수에 지나지 않습니다. 병나지 않게끔 돌볼 수 있어야 진정으

*1 고대 중국 전국시대에 저술된 것으로 현존하는 최고 동양의학 이론서. 원시의학 태동기부터 전해져 오던 각종 의학적 경험을 집대성하여 인체의 생리 병리 진단 치료원칙 등의 이론을 정리하여 동양의학을 체계화 하였다. 음양오행관, 천인합일(天人合一) 사상에 입각하고 있다.

로 훌륭한 의사라는 겁니다.

처음 이 글을 접했을 때 뒤통수를 얻어맞은 느낌이었습니다. 너무나도 당연한 말이지요. 병이 나지 않는 것이 최고입니다. 그럼에도 미처 그런 생각을 하지는 못하고 있었음을 깨달았습니다. 당연한 얘기임에도, 실현 가능하지 않다는 속단에서 논외로 삼고 지낸 건지도 모르겠습니다.

따지고 보면 현대의학에서도 치미병(治未病: 아직 병들지 않는 것을 다스린다)은 중요한 목표로 간주되고 있다는 것을 알 수 있습니다. 바로 예방의학이지요. 몸을 건강히 유지해서 질병에 걸리지 않게 하거나, 질병에 걸렸더라도 더 중증으로 악화되지 않도록 하는 것, 그리고 발병 후 후유증이 오지 않도록 예방하는 것까지도 모두 예방의학의 범주에 듭니다. 이 가운데 질병에 걸리지 않게끔 건강을 유지하는 것이 치미병의 본 취지에 가장 가까울 것 같습니다.

한의학적 용어로 말하면 뜻이 좀 더 분명해집니다. 치미병 하기 위해서는 정기(正氣)를 길러야 합니다. 정기가 강하여 생명력이 강건해지면 사기(邪氣)가 들어올 틈이 없습니다. 정기와 생명력을 키우는 것이야말로 최고의 의술인 것입니다.

그렇다면 과연 어떤 의사가 정기와 생명력을 키워줄 수 있을까요? 머릿속에 몇몇 의사의 얼굴이 스치고 지나갈지도 모르겠습니다. TV에 자주 등장하는 의사의 모습이 떠오를 수도 있겠지요. 하지만 그분들이 과연 나의 정기를 키우는 데 얼마나 도움이 될 수 있을까요? 물론 발병 후에는 큰 도움을 주시겠지만요.

참으로 진지하게 생각할 문제입니다. 나의 정기 상태를 꼼꼼히 체크하여 부족하면 채워주고, 정기를 해치는 습관이 있다면 끊을 수 있도록 바로잡아주는 그런 의사를 만나기란 쉽지 않습니다. 그런 관리 프로그램이 설사 있다 하더라도 비용이 많이 들겠지요.

하지만 낙담하실 필요는 없습니다. 나를 가장 잘 알고, 무엇으로 내가 불편해하고, 무엇에 마음 쓰는지 모두 헤아리는 '의사' 는 분명 있으니까요. 그것은 바로 나 자신입니다.

나야말로 나 자신을 잘 알고 있지 않나요? 배탈이 나면 어제 점심에 먹은 국수가 문제였을지, 어제 저녁 반주로 마신 맥주 탓인지 짐작할 수 있지요.

여기서 한 걸음 더 나아가면, 평소 신경을 많이 쓰고 나면 구토에 극심한 두통이 따라온다는 사실을 알고 있는 환자라면 신경 쓸 일이 있을 때 스스로 신경을 덜 쓰기 위해 노력해볼 수도 있을 겁니다.

이처럼 나 스스로 건강상태를 확인하면서 적절하게 관리해줄 수만 있다면 의사면허증은 없어도, 적어도 자신에게만큼은 최고의 의사일 수 있을 겁니다. 혹시 의지가 약해서 스스로 하기 어렵다면, 가족의 도움을 받는 것도 좋은 방법입니다.

건강을 해치는 식습관이 있다면 바로잡아주고, 함께 운동하며, 좋은 생활습관을 들일 수 있도록 가족이 함께 노력하면 됩니다. 부모 입장에서는 특히 자녀들의 식습관, 생활습관을 눈여겨보면서 바로 잡아주면 되겠지요.

멀리서 찾을 필요 없습니다. 최고의 의사는 바로 나, 그리고 가족입니다. 수지침을 배우고 뜸을 배워서 서로에게 놓아주는 것도 좋지만, 그보다 좋은 습관을 들일 수 있도록 서로 도와주고 함께 노력하는 것이 먼저이고 효과도 큽니다. 그것이 치미병의 첩경인 것입니다.

나의 건강비결

제한된 일련의 목표에 에너지를 집중하는 것만큼 삶에 큰 힘을 더해주는 것은 없다.
–니도 쿠베인(Nido Qubein)

저는 하루를 새벽기도로 시작합니다. 5시에 예배에 참석하고 돌아와 그날의 일정을 살핍니다. 민들레동산 전주 사무소로 출근하기 전까지의 시간은 주로 원고작업이나 강의준비에 할애합니다. 비교적 한가하고 집중도 잘 되는 시간이어서 하루 중에 여유로운 편에 속합니다.

9시에 출근을 하면 바빠지기 시작합니다. 민들레동산과 민들레포럼 관련 건들을 처리하고 외부 일정도 소화합니다. 하루에 모임은 적을 때는 5건 정도, 많을 때는 10건을 넘기기도 합니다. 큰 모임이 있는 날이 아니라면, 하루에 만나는 사람 수가 보통 50~100명가량 되지 않을까 싶습니다. 모임이 많지 않은 날에는 짬짬이 지역 구석구석을 돌며 현안들을 챙깁니다.

집에 돌아오면 대략 밤 10시 내외. 낮에 있었던 일들과 지역에서 만났던 분들의 충고나 조언을 적어놓은 수첩을 정리하고 나면 대략 11

시에서 12시 사이 잠자리에 들게 됩니다.

더 큰 꿈을 위하여 37년간 다니던 정든 기업은행을 그만두고 2009년 고향으로 내려온 이후 반복하고 있는 생활패턴입니다. 따지고 보면 직장 다닐 때도 현장을 발로 뛰는 스타일이었으니, 일찍 일어나고 큰 동선을 그리며 움직이는 것은 아주 오래된 생활습관입니다.

이렇게 바쁘게 살면서도 저는 잔병치레를 잘 안 합니다. 그래서 주위에서는 건강비결을 자주 물어오곤 하지요. 이 자리를 빌어 그 노하우를 살짝 공개할까 합니다.

첫째, 건강의 가장 큰 이유는 바로 아내의 미소입니다. 자주 하는 이야기입니다만, 아내는 고등학교 2학년 때 만난 첫사랑입니다. 어려울 때 만나 고생도 많이 했습니다. 위암으로 투병하시던 시어머니를 헌신적으로 돌보면서, 얼굴 한 번 찌푸리지 않은 고마운 아내입니다. 아내는 늘 밝은 표정으로 저를 대합니다. 밖에서 피곤한 상태로 돌아오더라도 저를 반겨주는 아내의 미소를 보면 피로가 싹 풀립니다. 이 점에서는 쌍둥이 녀석들도 기여하는 바가 큽니다. 입양한 아이들이지만, 정들다보니 낳은 자식과 다른 줄을 전혀 모르겠습니다. 하루가 다르게 커가면서 재롱도 늘어갑니다. 이 글을 쓰는 순간에도 녀석들을 생각하니 제 입가에 웃음이 번지는군요.

둘째, 아내가 챙겨주는 식단입니다. 아내는 현미에 잡곡 15가지를 넣은 잡곡밥을 해줍니다. 저는 외부 일정이 많은 관계로, 밖에서 기름진 음식을 먹는 경우가 잦습니다. 그래서 집에서는 미역국이나 된장국, 그리고 채소 반찬으로 가볍게 먹을 수 있게 해줍니다.

셋째, 민들레입니다. 아침저녁으로 민들레 추출액을 마십니다. 성인병에 걸리기 쉬운 나이대에 민들레는 특히 좋은 것 같습니다. 몸의 많은 질병이 따져보면, 결국은 염증인데요. 항염작용이 좋은 민들레를 꾸준히 먹으니 도움이 되겠지요.

아내의 사랑이 듬뿍 들어간 소박한 밥상

넷째, 술과 담배를 하지 않습니다. 종교적인 이유로 저는 젊은 시절부터 술과 담배를 멀리했습니다. 영업직에 있던 사람으로서 술, 담배를 하지 않는다는 것은 쉬운 일이 아닙니다. 주위 동료와 고객들의 이해가 있었기에 가능했습니다.

넷째, 긍정적인 마인드입니다. 기업은행에 입사한 이후로는 제가 승승장구만 한 줄로 아는 분이 많으시지만, 꼭 그런 것은 아닙니다. 나름대로 굴곡도 있었고 크고 작은 시련도 있었지요. 지점장에서 본부장으로 승진할 때도, 본부장에서 부행장으로 승진할 때도 몇 번씩 실패를 경험했고, 직장을 그만둘까 생각도 해보았습니다. 하지만 부정적인 생각에 매몰되지는 않았습니다. 그보다는 저 대신 승진한 사람의 장점을 찾아보며 나를 반성하여 발전의 계기로 삼았습니다. 긍정적인 마인드가 있었기 때문에 가능한 일이었습니다.

기업은행 지점장 생활 9년 동안 항상 발령받는 곳마다 신설 또는 최하위 지점이었습니다. 신설지점이나 최하위 지점은 은행원들 사이에서 기피대상으로 꼽히는 곳입니다. 그럼에도 저는 굴하지 않았습니다. 오히려 승부욕이 발동해서 실적 향상에 최선을 다했습니다.

그 결과 저는 가는 곳마다 1년 이내에 경영평가 1등 지점으로 올려놓곤 했습니다. 1등 제조기라는 별명이 붙었고, 본부장 시절에도 최하

부행장 시절의 저자

위 본부를 1등 본부로 성장시켰습니다. 직원들에게 자부심을 불러일으키면서 자발적인 동참을 유도하여 공격적인 영업을 했던 것이 비결이었습니다. 저의 긍정적인 마인드가 직원들을 고객지향적으로 바꾸어 놓았던 것이지요.

《성공하는 사람의 일곱 가지 습관》으로 유명한 스티븐 코비(Stephen R. Covey)는 인간이 천성의 산물인가, 환경의 산물인가를 묻는 질문에 둘 다 아니라고 단언합니다. 그는 인간은 선택의 산물이라고 말합니다. 자극과 반응 사이에 항상 공간이 존재하고, 인간은 그 사이에서 선택의 힘을 지혜롭게 사용할 수 있다는 겁니다.

맞는 말입니다. 최하위 지점이라는 환경에 굴했더라면 저 또한 꼴찌 지점장, 꼴찌 본부장이라는 오명을 면할 수 없었을 겁니다. 저는 긍정의 힘으로, 나쁜 요인들 사이에서도 긍정의 가능성을 발견했고, 성장의 돌파구를 마련할 수 있었습니다. 환경의 제약을 극복할 수 있는 것은 분명 긍정의 힘입니다.

다섯째, 스트레스를 잘 받지 않습니다. 가령 어떤 결정을 했을 때,

“아! 그때 왜 그런 결정을 했을까? 다른 쪽을 택했다면 더 좋았을 텐데!”하는 식의 후회를 거의 하지 않습니다. 결정을 하기까지 충분한 고민을 한 상태이고, 주사위는 던져진 상황에서 그런 후회는 아무 의미가 없음을 잘 알기 때문입니다. 결정할 때까지는 고민하더라도, 그 후에는 전혀 고민도, 후회도 하지 않습니다.

살아온 동안 가정에서나 직장에서나 결정의 순간이 워낙 많다보니, 나름대로 몸에 밴 행동양식인지도 모르겠습니다. 결정할 때까지는 최대한 분석하고 검토하면서 고민하지만, 결정한 뒤에는 결과를 겸허히 수용하는 것이지요.

사람들과의 만남에서도 스트레스를 좀처럼 받지 않습니다. 세상에는 다양한 사람이 있고, 그들 중에는 나에게 해를 끼치거나 나를 불편하게 하는 사람도 있을 수 있습니다. 하지만 나를 도와주고 편안하게 하는 사람들도 또 얼마나 많습니까. 내가 노력하기만 하면 나에게 적대적인 사람들도 내 편으로 만들 수 있다는 것을 경험을 통해 잘 압니다. 그러니 무슨 걱정이 있겠습니까. 제 노력이 필요할 뿐입니다.

건강은 신체단련이나 좋은 약을 먹는 것만으로 절대 얻어지지 않습니다. 그에 못지않게 정신적인 건강도 중요합니다. 정신건강은 내가 나의 마음을 컨트롤할 수 있을 때 비로소 얻게 됩니다.

가끔 활력이 넘치는 사람들을 볼 때가 있습니다. 그 활력이라는 것이 다름 아닌 긍정의 에너지가 아닐까 생각해봅니다. 괜한 걱정과 망설임, 그리고 후회나 싫어하는 마음 등에서 비롯되는 부정적인 에너지를 긍정적인 에너지를 통해 제거하십시오. 장담컨대 건강은 물론 인생의 성공까지도 거머쥐게 될 것입니다.

부정적인 생각을 긍정적인 생각으로 바꾸는 비법

• **변화시켜야 할 영역을 파악한다.**

평소 부정적으로 생각하는 경향이 있는 영역에 있어서 긍정적인 생각을 늘려간다.

• **스스로를 체크한다.**

정기적으로 하던 일을 멈추고 자기가 하고 있는 생각을 평가해본다. 혹 부정적으로 생각하고 있었다면 생각을 전환해본다.

• **유머에 마음을 연다.**

어려울 때일수록 웃어본다. 매일의 일상에서 유머를 찾아본다.

• **건강수칙을 따른다.**

일주일에 적어도 세 번 운동을 하는 것은 스트레스 경감에 도움이 된다.

• **주위의 긍정적인 사람들과 교류한다.**

긍정적인 사람들만이 도움이 되는 조언을 줄 수 있다. 부정적인 사람은 스트레스 레벨을 높여주고, 당신의 스트레스 조절 능력을 회의하게 만든다.

• **긍정적인 자기 대화를 연습해본다.**

다른 사람에게 하지 않을 말을 자신에게 건네지 않는다. 점잖게 스스로를 격려한다.

(출처: Mayo Clinic 홈페이지: www.mayoclinic.com)

염증에 좋은 민들레

한약의 재료가 되는 약재를 한의학에서는 본초(本草)라고 부릅니다. 대부분의 약재가 풀과 뿌리이기 때문에 붙여진 이름이 아닐까 싶습니다. 본초의 효능을 논하는 학문을 본초학이라고 하며, 본초학 서적을 본초서라 합니다. 민들레도 본초 중 하나로서, 각종 본초서에서 다뤄지고 있지요.

서양의학에서는 약의 효능을 미시적인 성분으로 설명하지만, 한의학에서는 종합적인 기미(氣味)와 귀경(歸經)으로써 설명합니다. 먼저 기미란 기운과 맛을 일컫는데요. 약의 기운은 크게 한열온량(寒熱溫凉)으로 표현되고, 맛은 산고감신함(酸苦甘辛鹹)으로 구분됩니다. 즉 약의 기운은 찬 것, 뜨거운 것, 따뜻한 것, 서늘한 것이 있고, 맛은 신맛, 쓴맛, 단맛, 매운맛, 짠맛 등이 있습니다.

찬 약은 열이 나는 증상에, 더운 약은 차가운 증상에 쓴다고 보면 됩니다. 또 다섯 가지 맛은 각각 효능이 다른데요, 신맛은 새나가려 하는 것을 잡아 가두는 성질이 있고, 쓴맛은 아래로 내려가게 하는 성질이 있다고 합니다. 단맛은 보(補)하는 성질이 있고, 매운맛은 발산시킵니다. 고춧가루를 푼 콩나물국을 먹으면 땀이 나는 것을 상상하시면 됩니다. 짠맛은 단단한 것을 연하게 하는 성질이 있습니다. 배추를 소금에 절이면 연해지는 것을 떠올리시면 되겠지요. 이상이 기미론에 대한 간략한 설명입니다.

본초서들에 의하면, 기미론으로 볼 때 민들레는 한(寒)하며 고감(苦甘)한 약입니다. '열을 식혀줄 수 있는 약이구나' 하고 짐작이 가능합니다.

그 다음으로 귀경이란 약물이 특히 잘 들어가는 경맥이 있다는 이론입니다. 본초서들은 대개 민들레의 귀경을 간경(肝經)과 위경(胃經)으로 보고 있습니다. 즉 간을 지나는 경맥과 위를 지나는 경맥으로 들어가 약효를 낸다는 얘기가 되겠습니다. 간과 위에 작용한다고 말해도 크게 틀리지는 않을 것 같습니다.

민들레의 기미와 귀경을 종합하면, 민들레는 간과 위로 들어가 열을 식혀주는 약이라고 추정할 수 있겠지요. 《동의보감》에는 "열독(熱毒)을 없애주고 악창(惡瘡)을 삭히며 멍울을 풀어주고 식독을 풀어주며, 체기를 없애는 데 아주 좋은 효과를 나타낸다."고 되어 있습니다.

일반적으로 민들레는 청열해독약(淸熱解毒藥)으로 분류되며, 열독 제거가 민들레의 대표적인 효능으로 규정됩니다. 열독은 요즘 말하는 염증에 해당합니다.

염증이란?

염증이란 상처가 나서 조직이 손상되었을 때 일어나는 방어반응이다. 방어를 위하여 손상부위에 혈액과 림프액이 몰리는데, 그로 인하여 붉어지고 열이 나며 붓고 통증이 발생한다. 정상적인 방어작용이라는 점에서 염증은 필요하지만, 과도하면 오히려 염증이 조직을 손상시키므로 적절히 억제되어야 한다.

민들레의 염증 완화 효과는 현대의 여러 연구를 통해서도 입증되고 있습니다. 민들레의 항염효과를 연구한 논문*2에 따르면 민들레는 염증 유발물질에 해당하는 IL-1, IL-6, TNF-α, NO, PGE2 등을 억제함으로써 염증을 완화한다고 합니다.

흥미로운 것은 염증이 나타나는 질환이 굉장히 다양하다는 점입니다. '~염' 이라는 병명의 질환은 대개 염증을 수반합니다. 염증질환에 있어서 염증의 부위라든가 원인은 다를 수 있어도 그 증상만큼은 동일하게 나타납니다. 그러니까 염증을 수반하는 증상에 폭넓게 민들레가 효과를 발휘할 수 있으리라는 추정도 해볼 수 있는 것이지요.

실제로 중국에서 간행된 《중약대사전》에는 민들레를 임상에 적용해서 효과를 본 임상 통계가 수록되어 있습니다. 이에 따르면 상기도 감염, 폐렴, 전염성 간염, 비뇨계통 감염, 림프절염을 비롯하여 급성 유선염, 급성 췌장염, 단독(丹毒), 충수염, 담낭염, 맥관염, 급성 화농성 편도선염, 인후염, 중이염, 급만성부비동염, 치은염, 결막염, 모낭염, 전염성 습진, 농포창, 담도감염, 이하선염, 위염, 위궤양, 십이지장궤양

*2 노경호 · 백정한, 〈포공영의 염증성 사이토카인 발현 및 조절에 관한 연구〉, ≪대한한방소아과학회지≫ 23권 제3호(2009년 12월).

등에서 효과를 본 것으로 나타나 있습니다.

이처럼 민들레는 염증성 질환에 폭넓게 적용될 수 있습니다. 특히 민들레의 귀경이 위경, 간경이라는 점을 감안하면 간염이나 위염에 대한 효과를 충분히 기대해볼 수 있겠습니다.

이와 관련하여 민들레가 간아세포종(肝芽細胞腫)*3 세포를 죽음에 이르게 하는 세포자살(apoptosis)을 증가시켰다는 연구*4, 민들레가 간암세포에 대한 항종양효과가 있음을 입증한 연구*5, 산화적 스트레스와 염증반응을 감소시킴으로써 에탄올에 대하여 간을 보호할 수 있다는 연구*6 등이 보고되었습니다. 또 포공영의 위점막 보호작용이 펩신(pepsin) 활성의 감소와 연관성이 있음을 보고하는 연구*7도 있습니다.

*3
소아의 간장 악성 종양.

*4
이병호 외, 〈포공영에 의한 간아세포종의 세포 자멸사 유도 효과〉, 《동의생리병리학회지》 2001년 15권 2호 참조.

*5
김동희 외, 〈포공영분획의 간암세포에 대한 항암활성과 항암제와의 병용투여효과〉, 《대한항의학회지》 제16권 제2호 1995년 참조.

*6
〈C57BL/6 쥐의 에탄올에 의해 유발된 급성간독성에 대한 민들레 추출물의 보호 효과〉, *Journal of Food Science and Nutrition* 제13권 4호 2008년 참조.

*7
이은방 외, 〈포공영의 항위염 작용〉, 《생약학회지》 제24권 4호 2007년 참조.

다섯 가지 맛[五味]의 작용

五味	작 용
신맛	治 유정(遺精), 소변불금(小便不禁), 설사(泄瀉), 허한(虛汗)
쓴맛	治 청열(淸熱), 강설(降泄), 조습(燥濕), 소종(消腫), 해독(解毒), 소염(消炎), 양혈(養血), 보음(補陰), 사화(瀉火), 사하(瀉下)
단맛	治 윤장(潤腸), 발생(發生), 상행(上行), 보기(補氣), 보양(補陽), 해독(解毒), 완화(緩和), 지갈생진(止渴生津), 자양(滋養), 강장(强壯), 영양(營養), 강심(强心), 이뇨(利尿)
매운맛	治 조열(潮熱), 이규(利竅), 윤조(潤燥), 상승(上昇), 발한(發汗), 건위(健胃), 식욕증진(食慾增進), 행기(行氣), 활혈(活血), 이뇨(利尿)
짠맛	治 나력(瘰癧), 영류(癭瘤), 비괴(痞塊), 결핵(結核)

노화방지에 좋은 민들레

중요한 것은 노화의 신호를 무시하기보다는 사랑하고 수용하는 마음으로
인생의 모든 경험을 맞이해야 한다는 것이다.

–존 로빈스(John Robbins)

우리나라 국민의 평균기대수명이 80세를 바라보고 있습니다. 1970년에 62세였던 것을 생각하면 40년 새 18세 가까이 증가한 수치입니다. 상당한 증가폭입니다만, 그래도 만족하지 못하는 것이 우리 인간의 마음입니다. 오죽하면 개똥밭에 굴러도 이승이 낫다는 속담이 있겠습니까. 그래서 우리는 오늘도 장수의 비결을 찾고 있고, 노화방지에 관심을 갖습니다.

노화라는 것은 시간이 흐름에 따라 나타나는 세포와 조직, 기관에서의 기능적 · 구조적 저하와 그로 인해 쉽게 질병에 걸리는 것을 의미합니다. 나이가 들면 환경 변화에 대한 정보 전달이 느려지고 반응도 늦어집니다. 말귀가 어두워져 상대방이 말하면 자꾸 되묻게 되지요. 시장에서 물건을 살 때는 머릿속으로 계산이 빨리 안 되고요. 운동신경은 둔해지고 골조직은 약해지니 한 번 엉덩방아라도 찧게 되면 뼈가

잘 부러집니다. 병에 걸리기 쉽고 회복도 더디지요. 그러다보면 점점 자신이 없어집니다. 혼자 외출하기도 어려워지고 자식들에게 의존하는 정도가 커지게 됩니다. 이런 것이 모두 노화의 과정이라 할 수 있겠습니다.

노화가 없다면 무병장수할 법도 한데요. 이러한 노화의 원인은 무엇일까요? 여러 가지 의견이 분분합니다만, 현재 가장 유력한 가설은 활성산소에 의해 세포가 손상되어 노화가 일어난다는 것입니다. 활성산소란 산소가 호흡을 통해 들어와 신진대사에 활용되고 부산물로 생긴 불완전한 산소를 가리킵니다. 〈그림 1〉의 정상적인 산소에서 전자가 하나 이탈하면 〈그림 2〉와 같이 불안정한 상태의 활성산소가 됩니다.

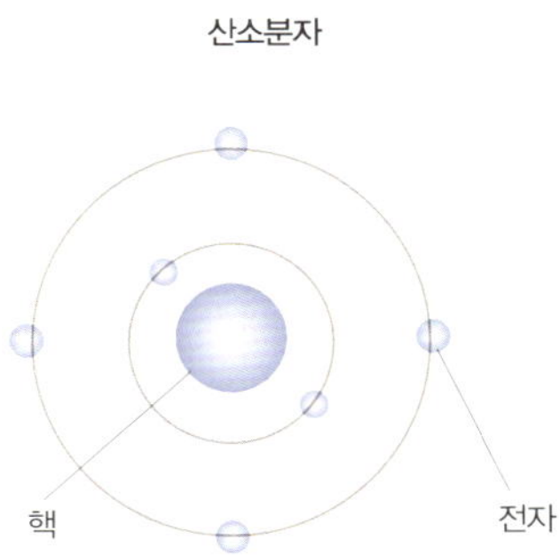

그림 1. 정상적인 산소분자

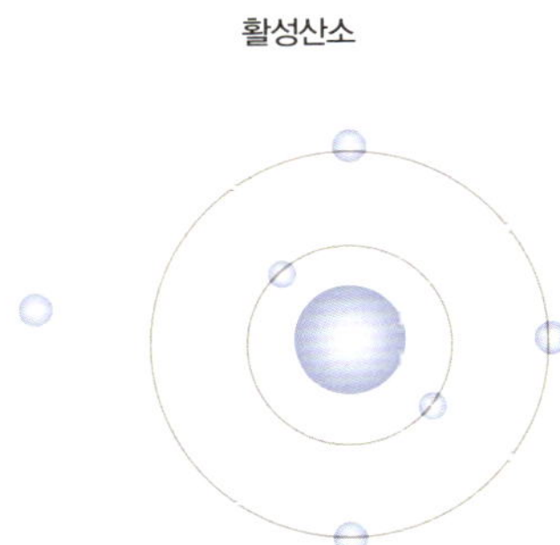

그림 2. 전자 하나가 이탈하면
불안정한 상태의 활성산소가 된다

활성산소는 (−)전하를 띠는데, (+)전하를 띤 다른 물질과 결합하려는 성향을 갖게 됩니다. 혼자 살던 남녀가 결혼하면 안정감을 느끼듯이 불완전한 산소인 활성산소도 다른 물질과 결합하여 안정된 상태를 누리고 싶어 하는 것이지요. 그래서 다른 물질과 쉽게 결합하는 경향이 있습니다. 그런데 다른 물질과 결합하고 나면, 해당분자는 변형이 되고 성질이 바뀝니다. 따라서 세포 내에서 주어진 본연의 역할을 수행할 수 없게 되고 질병을 유발하게 되죠.

활성산소가 본래 나쁜 것은 아닙니다. 활성산소의 양이 적당하면 세포 내에서의 산화환원반응현상을 조절하기도 하고, 효소 활성화와 약물해독, 글리코겐 합성에 기여할 뿐만 아니라 세균이나 이물질을 공격한다고 합니다. 하지만 과다해지면 정상세포까지 공격하여, 세포핵이나 미토콘드리아의 핵산, 각종 효소 단백질 등을 손상시킵니다. 독성이 세포 내에 축적되어 동맥경화, 백내장, 관절염, 암, 뇌졸중, 파킨슨병, 피부질환, 염증 등의 질환과 개체의 노화를 유발하기도 하죠.

그렇다고 인체가 당하고만 있을 리는 없겠지요. 인체에는 산화물을 제거하는 방지 메커니즘이 갖춰져 있어서 활성산소의 공격을 방어합니다. SOD(super oxide dismutase: 생리활성 효소)를 비롯하여 카탈라제(catalase), 글루타티온 페록시다아제(glutathione peroxidase), 글루타티온 리덕테아제(glutathione reductase) 등의 효소가 체내에서 합성되고 비타민 C, 비타민 E 등이 음식물을 통해 섭취되어 활성산소 제거 역할을 수행한다고 합니다.

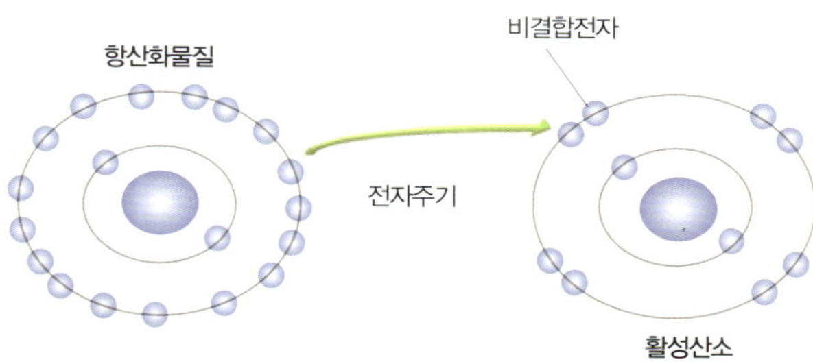

그림 3. 정상적인 산소분자

젊을 때는 활성산소가 문제되지 않습니다. 항산화방어계가 잘 작동되기 때문이지요. 젊은 사람의 몸은 스스로 항산화 효소를 분비해서 활성산소를 제거합니다. 하지만 SOD 분비량이 20대를 정점으로 서서히 감소하여 40대 이후에는 항산화방어계가 많이 약화됩니다. 그만큼 질병발생 위험이 높아지는 것이지요.

합성항산화제로 BHA, BHT 등도 있지만 체내 에너지 생산과 세포대사, 호흡작용을 방해하고 발암성도 갖고 있는 등의 문제로 인하여 천연자원으로부터 활성효소 방어물질을 찾으려는 노력이 계속되고 있습니다. 이러한 상황에서 부각되고 있는 식물 중 하나가 바로 민들레입니다.

최근 국내외의 많은 연구들은 민들레의 항산화 효능을 입증하고 있습니다. 한 연구에 의하면 민들레에 항산화 효능이 있는 페놀성 화합물이 다량 함유돼 있으며, 활성산소를 제거하는 데 좋은 효과가 있다고 합니다.*8 민들레를 비롯하여 감국, 구절초, 대계, 인진호, 우방자 등 국화류 식물의 추출물 효능을 비교한 또 다른 연구에서는 인진호, 민들레, 구절초, 우방자가 비타민 C보다 항산화 활성이 좋은 것으로 밝혀졌습니다.*9 비타민 C가 대표적인 항산화비타민이라는 점을 감안하면 고무적인 결과지요. 특히 민들레는 인진호 다음으로 항산화 활성이 높은 것으로 나타나 활성산소 문제를 해결하는 데 탁월한 식물임이 확인되었습니다.

*8 허성일 · 왕명현, 〈민들레 추출물의 항산화 활성 및 세포독성 효과〉, ≪생약학회지≫ 39(3) 255-259.

*9 강영란 외, 〈국화류 추출물의 항산화 및 멜라닌 생성 억제 활성〉, 한국응용생명화학회.

민들레를 사랑하고, 민들레를 재배하여 건강식품을 생산하는 사람으로서 민들레의 효능이 이렇게 하나둘 입증되는 것을 보면 기쁘기 그지없습니다. 수천 년의 경험이 집적된 한의학 본초서에 적힌 효능들이건만 현대과학적 방법으로 검증되지 않으면 인정받지 못합니다. 이렇게 연구하는 분들이 있고 그 성과가 나옴으로써 민들레의 가치를 인정받을 수 있으니 고마운 일이 아닐 수 없습니다.

활성산소 발생을 줄이는 생활습관이 필요

활성산소를 제거하는 민들레의 효능은 다양한 질병에 폭넓게 적용될 수 있습니다. 활성산소가 많은 병의 직간접적인 원인이 되기 때문이지요. 활성산소의 권위자 일본의 니와 유끼에 박사에 따르면 모든 질병의 90퍼센트 가량이 활성산소로 인하여 생긴다고 합니다. 각기 별개의 질병 같아 보여도 활성산소라는 공통분자를 갖고 있다는 얘깁니다. 아토피를 비롯한 각종 피부질환에도 활성산소가 크게 작용하고 있는 것으로 보입니다.

유끼에 박사는 활성산소가 과다해지는 원인으로 자외선, 방사선, 화학물질 등을 꼽는데요. 아시다시피 지구를 덮고 있는 오존층이 파괴되어 자외선량이 증가하고 있습니다. 또 공해로 인한 오염물질 배출도 심각합니다. 더구나 일본 대지진으로 원자력 발전소가 파괴되고 방사능이 누출되어 걱정이 더 늘었습니다. 우리를 둘러싼 환경은 유사 이래 최악이라 해도 과언이 아닙니다.

활성산소를 제거하기 위해 약을 먹기 이전에, 생활습관을 개선하여 활성산소를 줄이는 것이 더욱 현명한 태도겠지요. 전문가들은 다음과 같이 조언합니다.

첫째, 규칙적인 운동을 해서 활성산소를 방어할 수 있는 체내 방어계를 튼튼히 할 것. 규칙적인 운동은 체내 생리기전을 활성화시킵니다. 세포들이 활발하게 작동하면 방어기전 또한 활성화되기 마련입니다. 하지만 지나친 운동은 독이 될 수도 있다는 점 유념하시기 바랍니다.

운동은 일반적으로 관상동맥을 비롯한 혈관의 탄력과 심장근육을 발달시켜 우리 몸의 주요 기관에 혈액공급을 원활하게 하며 노화방지 및 당뇨, 암을 예방한다고 알려져 있습니다. 하지만 중노동에 가까울 정도로 하는 운동은 독이 될 수도 있습니다.

둘째, 음식을 싱겁게 먹고 채소와 과일을 많이 섭취할 것. 채소와 과일에는 항산화제가 함유되어 있어서 활성산소 감소에 도움이 됩니다. 항산화제는 음식을 통해 섭취하는 것이 바람직합니다.

셋째, 지나친 흡연과 음주, 과식을 피할 것. 과음을 하면 간에 부담이 갑니다. 간에서 알코올이 해독되는 과정에서도 활성산소가 발생한다고 합니다. 과식도 마찬가지입니다. 소화시키는 데 에너지 소모가 커지고, 많은 산소를 필요로 하게 되는 거죠.

넷째, 스트레스를 줄일 것. 스트레스는 몸속 활성산소를 만드는 주범이라고 합니다. 적당한 취미생활을 함으로써 밝게 살고, 자주 웃으며 긍정적으로 생각하는 것이 좋습니다.

그런데 따지고 보면 그다지 새로운 것은 없습니다. 늘 들어오던 건강수칙과 그다지 다르지 않지요? 음주, 흡연 등 안 좋은 습관을 버리고, 적당한 운동과 채소 및 과일을 많이 먹어주면서 즐겁게 사는 것, 그 이상의 건강비결은 없는 모양입니다.

유방 질환에 좋은 민들레

불치의 병은 없다. 다만 불치의 환자가 있을 뿐이다.

–버니 시겔(Bernie S. Siegel)

생물학적으로 생각해보면, 유방은 가장 여성적이고 모성적인 기관입니다. 아기를 키워내는 양식의 샘이요, 아기에게 마음의 평온을 주는 안식처입니다. 엄마의 젖을 물고 잠든 아기의 모습보다 평화로운 풍경은 없습니다. 아기에게 젖을 물리고 있는 엄마의 모습보다 숭고한 사랑의 표현 또한 없습니다.

나이가 들어서도 어릴 적 느꼈던 포근한 어머니의 품, 젖무덤의 기억은 여전히 남아서, 세상사에 지친 우리들에게 마음의 고향이 되어줍니다. 그래서일까요. 민들레의 다양한 효능 중에 소중하지 않은 것이 있겠습니까마는, 그 가운데서도 특히 유방 질환에 특효라는 점이 얼마나 다행스럽고 기쁜지 모릅니다.

민들레의 귀경은 간과 위로 알려져 있습니다. 즉 민들레는 간과 위, 또는 간으로 지나는 경락, 위로 지나는 경락으로 들어가는 것입니다.

그런데 간경과 위경이 지나는 경로를 보면, 위경은 유방을 지나고 간경은 유두를 지납니다. 그렇기 때문에 간경과 위경으로 들어가는 민들레가 유방에 작용할 수 있습니다.

민들레 줄기를 잘라본 분이라면 누구나 기억하실 것 같습니다. 줄기를 자르면 하얀 즙액이 나오지요? 그 하얀 즙액을 보았을 때 무엇이 연상됐었나요? 어머니의 젖이 떠오르지는 않던가요? 그런 기억이 있다면, 민들레가 유방 질환에 좋다는 말에 쉽게 수긍이 가실 것입니다. 민들레 즙액이 유즙을 닮았으니까요. 그런 억지가 어디 있냐고 할지 모르겠습니다만 약초의 효능을 생김새나 색상으로 설명하는 경우가 적지 않습니다.

약물의 효능은 분명 오랜 세월 경험을 통해 검증되고 확정된 것입니다. 그러나 설명만큼은 약재의 색상과 형태적 특징을 동원하기도 합니다. 이해를 돕기 위한 것인지, 암기를 돕기 위한 것인지, 아니면 새로 발견된 약의 효능을 예측하는 훈련을 의도한 것인지는 알 수 없지만요.

가령 심장의 열을 내리는 데 쓰이는 치자는 하트처럼 생기고 색마저 붉어 심장으로 간다고 말합니다. 또 덩굴과 긴 뿌리가 특징인 칡은 몸 안의 수분을 끌어올려 설사를 멎게 한다고 설명하지요. 마(麻)는 진득한 액이 정(精)을 닮았으니 보정(補精)한다고 말할 수 있겠습니다. 쇄양(鎖陽)은 남성의 성기를 닮았는데요. 정력에 좋다고 알려져 있습니다. 이쯤이면 형상적인 특징으로 약효를 설명하는 것이 그리 어색한 일은 아니라는 데 동의하시리라 믿습니다.

민들레가 유방 질환에 좋다는 것은 《동의보감》을 슬쩍 뒤적이기만 해도 알 수 있습니다. 내용을 세세히 살펴볼 것도 없이, 민들레가 표제어로 수록된 곳이 어딘가 확인하는 것만으로도 중요한 시사점을 얻을 수 있습니다. 《동의보감》에서 민들레가 표제어로 등장하는 곳은 두 군데입니다. 한 곳은 탕액편(湯液篇)이고, 다른 한 곳은 외형편(外形篇)의 유문(乳門)입니다.

민들레가 유문의 단방(單方)에 실렸다는 것은 중요한 의미를 갖습니다. 유방을 토픽으로 삼는 챕터에, 그것도 다른 약의 배합 없이 단독으로 쓰이는 단방으로 민들레가 소개돼 있다는 것은 민들레가 유방에 좋은 약이라는 것을 방증합니다. 유문 단방에 수록된 약물은 민들레를 포함해서 총 20종입니다.

동의보감의 편제

《동의보감》은 크게 내경편(內景篇), 외형편(外形篇), 잡병편(雜病篇), 탕액편(湯液篇), 침구편(鍼灸篇)으로 구성되어 있다. '내경'이란 도가 서적인 《황정경(黃庭經)》에서 따온 말로, 내경편은 인체를 이루는 요소인 정(精), 기(氣), 신(神), 혈(血), 진액(津液) 등과 오장육부, 대소변까지 다룬다.

외형편은 두(頭), 안(眼), 이(耳), 구설(口舌), 아치(牙齒), 인후(咽喉), 흉(胸), 유(乳), 요(腰), 협(脇) 피(皮), 육(肉), 근(筋), 맥(脈), 골(骨), 수족(手足) 등 인체의 겉으로 드러난 부분을 다룬다.

잡병편은 인체의 병증과 그것의 발생원인을 다루며, 탕액편은 약재의 채취, 가공, 처방, 약 달이는 방법 등의 총론과 각 약재별 효능을 수록한 총론으로 구성되어 있다. 탕액편에는 거의 모든 음식물과 약재가 실려 있다.

여러 본초서에 언급된 것을 모아보면, 민들레는 유방과 관련하여 유즙불행(乳汁不行), 유옹(乳癰), 투유(妬乳), 유암(乳癌)을 치료하는 효능이 있는 것으로 요약됩니다.

동의보감에 수록된 유방에 좋은 약재

- 젖 나오게 하는 약: 맥문동(麥門冬), 통초(通草), 왕과근(王瓜根), 적소두(赤小豆), 저사제(猪四蹄) 야저지(野猪脂)
- 멍울을 풀어주는 약: 산약(山藥), 익모초(益母草), 포황초(蒲黃草), 청피(靑皮), 방해(螃蟹), 지주(蜘蛛), 녹각(鹿角)
- 유옹에 좋은 약: 황과루(黃瓜蔞), 만청(蔓菁), 포공영(蒲公英), 지주(蜘蛛)

유방 질환의 한의학 명칭 해설

유즙불행(乳汁不行)

젖이 나오지 않는 증상을 유즙불행이라고 한다. 산후 2~3일경부터 유즙분비가 시작되는데, 분비량이 양육하기에 부족한 병증을 일컫는 말이다. 젖의 대체품이 없던 시절 유즙불행은 심각한 문제였다. 모유가 부족하면 아기에게 먹일 것이 없었기 때문이다.

유즙불행은 간단히 말하면 산모의 영양이 부족하거나, 분비작용이 좋지 않을 때 나타난다. 산모의 영양 부족을 한의학에서는 기혈부족이라 표현한다. 또 분비작용이 좋지 않은 이유는 습담(濕痰; 습기와 담음)과 같은 불순물이 기혈의 소통을 가로막는 경우와 분비를 담당하는 간담의 소설작용이 좋지 않은 경우로 나눠서 생각해볼 수 있다.

유즙불행의 치료는 기혈을 보해주는 것, 습담을 제거하는 것, 간담이 소설(疏泄)되도록 돕는 것 등의 크게 세 가지 방법이 있다. 이 중에서 민들레는 세 가지 방법으로 유즙불행을 치료한다고 볼 수 있다. 보약도 아니고 습담을 제거하는 약도 아닌 민들레는 간과 혈로 들어가 청열 작용을 하여 간의 울체(鬱滯: 기가 정상적으로 소통되지 못하고 한 곳에 모여 있는 것)를 해소하는 데 도움을 주고, 그리하여 간의 기운이 잘 소통되도록 한다고 보는 편이 적절할 것이다.

한편 서양의학에서는 유즙분비량 부족의 원인을 뇌하수체 전엽에서 분비되는 최유(催乳: 젖의 분비를 촉진하는 것) 호르몬인 프로락틴 감소에서 찾는다. 프로락틴 감소는 산부의 영양불량, 빈혈, 피로, 불규칙한 생활습관, 불안 또는 수유기 경구피임제 복용, 산후출혈로 인한 뇌하수체 괴사 등에 의해 일어난다.

유옹(乳癰)

유방 질환 중 가장 흔한 것이 염증성 유방병이다. 유옹은 염증성 유방병의 일종으로 염증 범위가 작은 것을 가리킨다. 유즙이 나오지 못하여 축적되면 유방에 단단한 덩어리가 생기고 통증이 심하여 손을 대지 못할 지경이 된다. 한열과 두통이 수반되고, 악화되면 농양이 생기고 고열이 발한다. 급성유선염, 유방염을 유옹과 유사한 것으로 본다.

《동의보감》에서는 기름진 음식을 먹어 생긴 습열로 생긴 담이 흉격에 쌓여 있다가 정체된 유즙 또는 아기가 내뿜는 숨기운과 맞닥뜨려 생기거나, 성난 기운이 젖몸에 몰려 유옹이 생긴다고 설명한다.

유옹은 외부의 사기가 체내에 침범하거나, 기름진 음식을 많이 먹어 발생한 습열이 몸 안에 쌓임으로 인해, 또는 영위(營衛: 한의학에서 말하는 기의 일종으로 염혈과 위기를 지칭)가 조화를 잃어 기혈이 응체(凝滯: 내려가지 아니하고 걸리거나 막힘)되어 발생할 수 있다. 유즙이 분비되지 못하고 옹체되어 유방 내에 덩어리가 생기고, 유옹이 발생하기도 한다.

서양의학에서는 유관에 세균이 번식하거나, 유관의 내용물이 유방 안으로 역류하거나, 수유에 의해 생긴 유두 상처로 병균이 침범해서 생긴다고 설명하며, 주로 소염제, 진통제, 항생제를 사용하여 치료한다.

민들레는 유옹에도 효과가 좋다고 알려져 있다. 민들레가 유옹을 치료할 수 있는 것은 청열해독하는 효능 때문인 것으로 생각된다. 민들레가 기름진 음식이나 분노 등에 의해 생긴 습열을 제거하는 능력이 탁월하다는 것은 잘 알려져 있다. 근래 들어 민들레의 항감염작용도 발견되어 중국에서는 주사제로도 애용된다고 한다. 또 《중의약대사전》에는 민들레 뿌리(또는 전초) 가루를 바셀린에 섞어서 환부에 바르면 유옹에 효과가 좋다고 설명되어 있다.

유암(乳癌, 乳巖)

한의학에서는 내장보다는 체표 쪽에서 감지되는 종양을 암이라 불렀다. 그러니까 유암이라면 유방 체표에서 만져지는 덩어리를 지칭했다고 볼 수 있다. 요즘의 유방암과 비슷한 것으로 보는 의견이 많다.

유옹과 비교하면, 유옹이 겉으로 발갛게 붓고 열나면서 통증이 있는 반면, 유암은 초기에 홍종열통(紅腫熱痛)이 없고 안으로 멍울이 생긴다. 《동의보감》에서는 멍울이 오래되면 유암이 된다고 적고 있다. 부인이 우울하고 성나고, 억울하여 가슴이 답답하게 되면 유방에 멍울이 생기는데 아프거나 가렵지는 않으나 5~7년이 지나면 겉이 붓고 자흑색으로 변하며, 안으로는 차츰 궤란(潰爛: 피부가 썩어 문드러지는 것)이 생기는 이러한 병증을 유암이라 하며 기혈이 소진되면 죽는다고 되어 있다. 우울하고 분노가 쌓인 중년 여성에게 많이 생긴다고 한다. 《동의보감》은 기(氣)를 소통시키고 혈(血)의 흐름을 돕고, 생각을 뜻과 같이 할 수 있으면 초기 우암은 나을 수 있다고 설명하고 있다.

서양의학에서는 유방암을 원발성(原發性)과 전이성(轉移性)으로 구분한다. 유방 자체에서 시작된 암을 원발성 유방암이라 하고, 다른 장기에서 전이된 것을 전이성 유방암이라 한다. 원발성 유방암이면 유방절제술 또는 방사선 요법 등으로 효과를 볼 수 있다. 전이성 유방암이면 호르몬요법, 내분비장기 절제, 항 에스트로겐 제제 등을 쓴다.

한의학에서는 종괴(腫塊: 장기 등 조직에 발생한 종기 덩어리)를 치료하기 위해 연견산결(軟堅散結)법을 쓴다. 굳은 것을 연하게 하고, 뭉친 것을 흩는 것을 의미한다. 민들레가 유암 치료에 도움이 되는 것은 민들레의 소옹산결(消癰散結: 옹기를 없애고 뭉친 것을 헤쳐 풀어주는 것)하는 힘 때문인 것으로 보인다. 민들레는 열독이 뭉쳐서 생긴 옹종을 치료하는 능력이 있다. 중국에서는 민들레 추출물 주사제로 종괴 형성을 억제했다는 임상보고도 있다.

유방 질환은 남편 책임?

당신만이 느끼지 못할 뿐 당신은 매우 특별한 사람입니다.

-데스몬드 투투(Desmond Tutu)

예전에는 연예인들이나 성형을 하는 건 줄 알았습니다. 하지만 요즘은 너나 할 것 없이 성형을 합니다. 쌍꺼풀 수술은 예사고, 몸 구석구석 칼을 대지 않는 곳이 없습니다. 심지어는 양악수술이라 해서 위턱과 아래턱까지 건드립니다. 턱관절은 신체 골격의 균형에 큰 영향을 미치는 곳이라 함부로 건드려서는 안 된다고 생각합니다만, 요즘 젊은 이들은 부작용의 위험까지 깊게 생각하지는 않는 것 같습니다. 겉모습만 중시하는 것이 요즘의 세태라 젊은 사람만 탓할 것은 아닙니다. 씁쓸한 우리의 현실이지요.

유방도 예외는 아닙니다. 대개 이물질을 삽입하여 유방을 확대하는 수술을 많이들 하는데요. 유방 역시 함부로 건드릴 곳이 아닙니다. 수유를 통해 영아를 양육하는 기관이라는 점만 생각해보더라도, 유방은 영아에게 있어서 생명줄이기 때문입니다. 이미 기원전 14~16세기경에 만들어진 이집트 파피루스에 젖이 잘 나오도록 자극하는 법이 기록되어 있고, 유방 질병과 관련한 외과처치들이 수록되어 있을 정도로 유방에 대한 인류의 관심은 각별했습니다.

한편 한의학에서는 여성의 유방을 남성에 있어서의 생식기와 거의 동격으로 간주합니다. 한의학은 음양론에 입각하여 남성을 양적인 존재, 여성을 음적인 존재로 보지요. 남성에게는 양기가, 여성에게는 음기가 주도하는 걸로 이해하면 될 것 같습니다. 《동의보감》에 따르면, 양기는 상향하는 성질이 있어 인체 내에서 상향하다가 극에 달하면 도로 내려오게 되는데, 남성의 몸에서 양기가 그렇게 하향하여 돌출된 것이 생식기라고 합니다.

여성의 유방에 대한 설명도 비슷합니다. 즉 음기는 하향하는데, 그것이 인체 내에서 하향하다가 극에 달하면 도로 상향합니다. 여성의 몸에서 그렇게 돌출된 것이 유방이라는 것입니다. 이러한 관점에서 본다면 여성의 유방은 남성의 생식기와 근원이 다르지 않습니다. 이 점에서 여성으로서의 특징은 유방에 있다고 말해도 과언이 아닙니다. 《동의보감》에서 '남자는 생식기(腎이라 표현)가 중요하고 여성은 유방이 중요하니, 위에 있고 아래에 있음이 같지 않으나 성명(性命)의 근본은 하나' 라고 말한 이유입니다.

유방이 제 기능을 발휘하려면 오장육부의 정기가 경맥을 통해 유방에 잘 전달돼야 합니다. 사람 몸에는 12개의 정경과 8개의 기경팔맥 등 많은 경맥이 있는데, 이들이 유방에 종횡으로 연결된다고 합니다.

상식적으로 생각건대, 모체에 있어서 2세 양육이 가장 중요한 일이므로 몸 안에서 만들어진 가장 귀하고 질 좋은 양분, 기혈, 또는 정기가 아기에게 전달되어야겠지요. 그렇게 되려면 보다 많은 경맥이 유방으로 지나갈 필요가 있습니다. 그만큼 영양 공급의 조건도 좋아질 테니까요.

유즙은 기혈이 화(化)한 것으로 이해됩니다. 기혈은 음식물이 비위를 거쳐 양분으로 화한 결과물입니다. 기혈이 유즙이 되고, 충맥과 임맥에서 농축되어 간의 소설(疏泄: 뭉쳐 있는 기운을 풀어서 소통시키는 기능) 작용에 의해 분비된다고 합니다. 그러니까 비위 기능이 약해서 양분을 만들지 못하거나 충맥과 임맥에서 농축이 잘 되지 않거나, 간에 문제가 있어서 분비작용이 잘 이루어지지 않으면 젖은 잘 안 나오겠지요.

정리하면, 비위 등에 의한 기혈의 생산이 활발해야 하고, 기혈의 흐름이 좋아 유방에 잘 공급되어야 하며, 간의 소설작용이 원활해야 유방이 건강할 수 있겠습니다.

《동의보감》은 유방 질환이 기름진 음식으로 혈액이 탁해지거나 간의 기운이 울체되어 생겨난다고 설명합니다. 기혈 등의 소통을 돕는 것이 간의 주작용이기 때문에 간의 기운이 울체되면 병이 생깁니다. 간이 울체되면 기혈이 잘 돌지 못하고 열이 발생하며 혈은 탁해집니다. 그런데 간의 경맥이 유방을 지나므로, 간의 문제가 유방의 질환으로 나타납니다. 간의 경맥이 지나는 기관이 유방만 있는 것은 아니지만, 유방은 유즙 분비 기능을 하는 곳으로 원활한 소통이 요구되는 기관이기 때문에 특히 큰 영향을 받는 것 같습니다.

이러한 간기울체의 가장 큰 원인은 스트레스입니다. 《동의보감》에서는 유옹이나 유암이 생기는 원인으로 노기(怒氣), 우노억울(憂怒抑鬱: 슬픔, 분노, 억울함 따위)을 들고 있습니다. 부인이 근심이 많고 억울함이 쌓이면 비의 기운이 약해지고 막히며, 간기는 어그러져 덩이가 만들어지고, 세월이 흐르면 그것이 유암이 된다고 하였습니다. 흔히 말하는 화병(火病)이 바로 유방 질환의 원인입니다.

화병은 서양에서는 생소한 개념이라고 합니다. 미국 정신의학회는 화병에 대하여 "한국 민속 증후군의 하나인 분노 증후군으로 설명되며 분노의 억제로 인하여 발생한다. 증상으로는 불면, 피로, 공황, 임박한 죽음에 대한 두려움, 우울한 기분, 소화불량, 식욕부진, 호흡곤란, 빠른 맥박, 전신통 및 상복부의 덩어리가 있는 느낌을 가지는 증후군이다." 라고 정의합니다.

화병은 가슴이 두근거리고, 치밀어 오르는 느낌이 있고, 목과 가슴에 답답함이 있고, 소화도 잘 안 되며, 우울하고 잠이 안 오고, 짜증이 잦으며, 삶의 의욕이 없는 등의 증상을 보입니다. 할 말 못하고 억누르며 살아야만 했던 우리 어머니 세대에서는 흔한 증상이었습니다. 세상이 변했고 예전보다는 여성이 목소리를 내는 편이기는 합니다. 하지만 여성이 가정과 직장에서 남녀 불평등한 구조의 피해자라는 본질은 여전합니다. 구조적인 불평등을 극복하기란 쉽지 않습니다. 약자는 늘 불이익을 우려해야 하고, 말 한마디도 조심스러울 수밖에 없습니다.

사회적 불평등뿐 아니라 여성의 음적(陰的)인 속성도 화병을 더욱 조장합니다. 양적(陽的)인 남성이 불만을 표출하고 충돌하는 데 반하여 여성은 음적이어서 굳이 불만을 드러내기보다 자기 안에 감추고 삭히려는 성향이 강합니다. 충돌하지 않아서 일단은 편하지만, 마음속에 타오르는 불같은 마음을 억누르다 보면 안에서 폭발하여 화병이 됩니다.

이렇게 보면 화병은 여성에게 숙명과도 같아 보이지만, 극복해야 할 과제이기도 합니다. "사회적으로는 불평등한 구조를 바로잡고, 마치 미덕인 것처럼 주입되어 온 '여성스러움'의 미신을 깨나가야 합니다. 그리고 여성은 스스로 주체적이고 능동적인 태도로 문제상황을 돌파하려는 적극적인 의지를 키워가야 합니다." 이렇게 교과서적인 답을 제시할 수도 있겠네요.

그런데요. 틀린 답은 아니지만 뭔가 아쉽습니다. 그런 당위적인 주장보다도 좀 더 현실적인 대안이 있어야 한다는 느낌이 들지 않습니까?

저는 화병을 치유하기 위해서는 무엇보다도 학교 교육이 바뀌어야 한다고 말하고 싶습니다. 화병이 우리나라 중년여성에게만 특수하게 나타나는 질병이라면, 그럴 수밖에 없는 이유를 생각해봐야 합니다. 왜 하필 중년 여성일까요?

중년쯤 되면 여성은 집안에서 중심이 됩니다. 부모 세대와 자녀 세대 사이에서 막중한 역할을 요구받습니다. 다른 한편으로는 폐경이 오면서 신체상에 큰 변화가 생기지요. 상당한 스트레스를 받는다는 것을 알 수 있습니다. 그 스트레스를 남편이라도 알아주고 위로해주면 좋으련만 남편은 바깥일에 바빠 미처 아내를 챙겨주지 못합니다. 이런 상황이라면 화병이 안 생기는 것이 오히려 이상할 노릇입니다.

저는 감히, 남자가 여자를 너무 모르기 때문에 여성이 화병을 앓는다고 말하고 싶습니다. 남자와 여자는 많이 다릅니다. 그 '다름'을 알고 남편이 아내를 배려한다면, 화병이 생길 여지가 조금이라도 감소하지 않을까요.

저희 부부는 잉꼬부부라는 소리를 많이 듣습니다. 첫사랑과 결혼한 데다, 어려움을 극복하고 결혼에 이른 과정이 나름 드라마틱하다보니 많이들 부러워하십니다. 그렇게 결혼하기는 했지만, 많은 분들이 상상하는 것처럼 말다툼 한 번 안 하고 살았던 것은 아닙니다. 처음에는 작은 충돌도 있었고, 이를 해소하기 위한 노력이 있었습니다.

대부분의 부부가 그렇겠습니다만, 다툼 후에 돌아보면 그 발단은는 사소한 것이었습니다. 시간이 지난 후에 그 문제에 대해서 다시 대화해보면, 다툴 필요도 없이 쉽게 풀리곤 했습니다. 그때 깨달은 것이, 문제는 다른 데 있다는 것이었습니다. 이견이 문제가 아니었던 겁니다. 그보다도 서로를 대하는 태도와 말하는 방식에서 갈등이 생기는 것임을 깨달았지요. 그러한 경험이 반복되면서 남자와 여자는 많이 다르다는 것을 알게 됐습니다.

존 그레이의 《화성에서 온 남자 금성에서 온 여자》에는 "여자들은 자신이 느끼는 문제를 이야기함으로써 한결 기분이 나아질 수 있다."는 구절이 나옵니다. 그렇습니다. 이러한 작은 차이만이라도 남편이 안다면, 그리고 남자의 특성을 아내가 안다면 결혼생활의 양상은 판이하게 달라질 수 있지 않을까요? 서로 이해하고 사랑하며 화목한 가정이 많아질지도 모릅니다. 하지만 그러한 차이를 경험을 통해 깨닫기까지는 긴 세월이 필요합니다. 어떤 부부는 늙도록 모르고 지내기도 하지요.

학교에서는 왜 남녀의 신체 차이만 가르치고, 남녀의 심리나 태도, 타인에 대하여 관계하는 방식의 차이는 가르치지 않을까요? 이것만 알아도 성격차이로 이혼하는 부부는 많이 줄어들 텐데요.

수십 년 동고동락한 아내에게 화병을 선물하는 못난 남편이 되지 않으려면, 남편들이여, 아내를 알고 이해하려 노력합시다. 그 출발은 아내의 말에 귀를 기울이는 것입니다. 회사에서 하루 종일 일하고 돌아오면 힘들고 피곤하겠지만, 잠시라도 마음을 열고 아내의 말을 들어줍시다. 그러한 작은 노력이 아내를 건강하게 하고, 가정을 행복하게 만들어줍니다.

아내 말 경청하기 abc

1. 아내의 말을 끝까지 듣는다.

말을 듣다보면 나도 모르게 상대방의 말을 자르고 내 말만 하기 쉽다. 우리 말은 끝까지 들어봐야 진의를 알 수 있는 법! 조금만 참고 들어보자. 끝까지 주의 깊게 경청해주는 것만으로도 아내는 기분이 좋아질 것이다.

2. 말을 들으며 딴짓을 하지 않는다.

상대방이 얘기하는데 TV만 본다든가 인터넷에 집중한다든가 하는 것은 말할 의욕을 저하시키는 것은 물론, 말하는 사람까지도 집중하지 못하게 한다. 상대방이 내 말을 과연 듣고 있는 것인지 불안해진다. 이런 상황에서 말하다보면 좋은 말이 나올 리도 없다. 상대방에게 시선을 고정함으로써 상대에 대한 최소한의 존중을 표한다.

3. 아내의 말에 정서적인 반응을 한다.

무반응만큼 기운 빠지는 일도 없다. 말하는 도중에는 표정이나 맞장구 등으로 아내의 말에 반응한다. 반응을 보이면 아내는 남편이 자기 말을 듣고 있다는 사실에 안도하며, 자기 마음을 털어놓을 수 있게 된다.

4. 격려와 칭찬을 아끼지 않는다.

우리는 격려와 칭찬에 인색한 편이다. 칭찬은 고래도 춤추게 한다는 말처럼 칭찬의 효과는 생각보다 크다. 학창시절 선생님이나 부모님의 칭찬 한마디에 열심히 공부해본 경험이 있을 것이다. 이와 다르지 않다. 상대방의 이야기를 듣고 난 후에 간단한 격려 한마디, 칭찬 한마디만 해주어도 아내에게는 큰 힘이 된다.

5. 아내를 존중한다.

부부는 가까운 관계라고 생각하여 편하게 대하다보면 자칫 막 대하기 쉽다. 하지만 부부는 가깝고도 먼 존재다. 작은 행동 하나 말 한마디로 상처를 줄 수도 있음을 명심해야 한다. 위에서 말한 것처럼 상대방의 말을 경청함에 있어서 주의를 기울이는 것은, 상대방을 존중할 때 비로소 가능하다.

본초서 속의 민들레

한약재로서의 민들레는 여러 가지 이름으로 불렸습니다. 가장 많이 알려진 것이 포공영(蒲公英)인데, 그밖에도 부공영(鳧公英), 포공초(蒲公草), 부공영(仆公英), 지정(地丁), 황화지정(黃花地丁) 등으로 불렸지요.

여기서는 본초서를 중심으로 민들레의 효능을 정리하려 합니다. 수백 년, 수천 년을 앞서간 동양의 의가(醫家)들은 과연 어떻게 설명하고 있을까요. 또 현대의 약리학에서는 어떻게 이해하고 있을까요? 여러분의 이해를 돕고자 관련 자료들을 모아보았습니다.

신농본초경소(神農本草經疏)*10

포공영은 맛이 달고 성질은 평(平)하며 독이 없다. 간경과 위경으로

*10
중국 명나라 목희옹(繆希雍)의 편찬으로, 1625년에 간행된 본초학서이다. 《증류본초(證類本草)》 중의 약물 490종을 《증류본초경(證類本草經)》 약물을 위주로 뽑아서 주소(注疏)의 형식으로 분별해 내용을 가다듬고, 각각 주치참호(主治參互)와 간오(簡誤) 2항을 부기하여 약효 및 처방, 의기(宜忌) 등을 고증한 의서이다. 한국전통지식포털(www.koreantk.com) 용어사전 참조.

들어가는 것으로 보인다. 해열(解熱)하고, 양혈(凉血)하는 중요한 약이다. 유옹(乳癰)[*11]은 간경에 속하며, 부인의 월경 후에 주로 조절역할을 하는 것도 간경이다. 그러므로 주로 부인의 유옹종(乳癰腫)이나 유독(乳毒)을 다스린다. 포공영은 생 것을 먹는 것이 좋다.

본초신편(本草新編)[*12]

포공영은 값이 매우 싸고 큰 효과가 있다. 하지만 애석하게도 세상 사람들은 그것을 쓸 줄 모른다. 양명(陽明)의 화(火)가 불타는 들판처럼 번질 때 백호탕을 쓰면 화를 사하지만 위기를 심하게 손상하는 것을 면할 수 없다. 화가 성한 것은 위중(胃中)에 토기(土氣)가 쇠한 데서 생긴다. 화열이 사(瀉)하면 토(土)의 기운은 더 쇠약해진다. 때문에 백호탕으로 위의 화열을 사하는 것은 일시적인 방법이지 오래 사용해도 좋을 대책은 아니다.

포공영도 위의 화열을 사하는 약이다. 그러나 포공영은 기가 매우 평하여 화를 사하면서도 토를 손상시키지 않기 때문에 오래 복용해도 해가 없다. 무릇 양명의 화열에 관계되어 일어나는 병은 대량의 포공영을 복용할 수 있다. 화열이 제거되면 위기(胃氣)가 자연히 생긴다.

*11

유방에 생기는 옹(癰)을 말함. 간기(肝氣)가 울결되고 위(胃)에 열이 막혀 머무르거나 또는 젖이 뭉쳐 쌓이므로 생긴다. 처음에는 젖에 굳은 응어리가 맺히고, 탱탱하면서 아프며, 젖이 잘 나오지 않고, 온몸이 찬 기운을 싫어하면서 열이 나고, 잇따라 응어리가 부어 커지고, 후끈거리면서 빨갛고 몹시 아프며 오한발열(惡寒發熱)이 물러가지 않으면서 속에서 곪는다. 한국전통지식포털(www.koreantk.com) 용어사전 참조.

*12

중국 청나라 진사탁(陳士鐸)의 저술. 본초의 약성에 관한 이론을 서술. 《본초비록(本草秘錄)》으로도 불림. 5권으로 되어 있음.

의림찬요(醫林纂要)

포공영은 열독을 잘 삭이고 식독을 풀며, 종핵을 제거하고, 정독(疔毒)[*13], 유방염을 치료하니 이는 모두 화를 사하며 비토를 안정시키는 기능이다. 유즙을 통하게 하는 것은 포공영의 형(形)이 쓰인 것이다. 치아를 단단하게 하는 것은 양명의 열을 제거하는 것이다.

본초구진(本草求眞)[*14]

포공영은 양명위경(陽明胃經), 궐음간경(厥陰肝經)에 들어가 양혈(凉血)하고 열을 내린다. 그러므로 유옹, 유암 치료에 좋다. 유두는 간경에 속하고, 유방은 위경에 속한다. 대개 열이 성하여 혈의 울체된 원인으로 일어나는 유옹, 유암에 포공영을 쓰면 직접 위경과 간경으로 들어간다. 외용으로 쓰면 부종을 사라지게 하는 효과가 있다.

본초정의(本草正義)[*15]

포공영은 그 성질이 청량하여 창정, 옹양, 홍종, 열독의 도든 증상을 치료한다. 내복과 외용 모두 가능한데 치료효과가 탁월하다. 유옹,

*13
창양(瘡瘍)의 하나. 정창(丁瘡), 정종(丁腫), 정종(疔腫), 정독(疔毒), 자창(疵瘡)이라고도 한다. 《외과정의(外科精義)》 상권에서 "무릇 정창(疔瘡)이라고 하는 것은 그 부스럼의 형태가 마치 못 머리처럼 생겼기 때문이다.(夫疔瘡者, 以其瘡形如丁蓋之狀是也.)"라고 하였다. 한국전통지식포털(www.koreantk.com) 용어사전 참조.

*14
중국 청나라 황궁수의 편찬으로, 1769년에 간행된 본초학서이며 전 10권이다. 상, 하편으로 나뉘며, 모두 436종의 약물이 수록되었는데, 권수(卷首)에는 약도(藥圖)가 부록되어 있고, 종류마다 약물에 대하여 모두 기미(氣味), 형질(形質)을 처방 응용과 결합시켜 깊이 있게 연구 토론하였으며, 일부 개인 견해를 제시했다. 한국전통지식포털(www.koreantk.com) 용어사전 참조.

*15
중국 청나라 장덕유(張德裕)가 편찬하여 1828년에 간행된 본초학서로 전 2권이다. 약성에 따라 분류했는데, 감온(甘溫), 감량(甘凉), 발산(發散), 기품(氣品), 혈품(血品), 고량(苦凉), 고온(苦溫), 고한(苦寒), 신열(辛熱), 독공(毒攻), 고삽(固澁), 잡렬(雜列) 등 12류 361종의 약물이 수록도어 있다.

유절, 홍종, 견괴를 치료하는 효과가 더욱 신속하다. 생것을 찧은 즙을 따뜻하게 복용한다. 건조한 것은 달여서 복용한다. 이 한 가지로도 치료할 수 있으니, 탕약을 달일 때에 포공영을 빼놓아선 안 된다.

본초도경(本草圖經)[*16]

짓찧어서 창(瘡)에 붙이고 악자(惡刺)[*17] 및 호뇨자(狐尿刺)[*18] 등을 치료하는 데 포공영의 뿌리줄기를 취하여 흰 즙을 짜서 바른다.

진남본초(南本草)

모든 부스럼 종독, 개라(疥癩)[*19], 선창(癬瘡)[*20] 등에 바른다. 풍을 제거하고 모든 창독을 없어지게 하며 나력결핵(瘰癧結核)[*21]을 없어지게 한다.

*16
중국 송나라 소송(蘇頌) 등이 편찬하여 1061년에 간행된 의서로, 일명 《도경본초(圖經本草)》라고도 한다. 전 20권, 목록 1권으로 중국 각 군현(郡縣)의 약초도를 수집하고, 여러 학자의 학설을 참고하여 정리해서 만들었다. 한국전통지식포털(www.koreantk.com) 용어사전 참조.

*17
독사의 오줌이 묻은 풀이나 나뭇잎이 몸을 스치거나 닿아서 가시에 찔린 것처럼 붓고 아픈 것임. 한국전통지식포털(www.koreantk.com) 용어사전 참조.

*18
옹저(癰疽)의 하나로 사마귀 분비물에 의해 생겨 손과 발에 홍자색 반점이 생기고 피부가 마르며 붓고 화끈화끈 달아오르면서 아파서 자지 못하며 오래되면 곪아 터져 창구(瘡口)가 생기는 증상이다. 한국전통지식포털(www.koreantk.com) 용어사전 참조.

*19
피부병의 하나로 옴을 이르는 말이다. 한국전통지식포털(www.koreantk.com) 용어사전 참조.

*20
피부 겉면이 해지지 않고 메마른 상태로 앓는 피부병을 통틀어 말한다. 선(癬)이라고도 하며, 일반적으로 버짐이라고 한다. 《동의보감(東醫寶鑑)》 〈잡병편(雜病篇)〉 제8권에서 "개선(疥癬)은 모두 혈분이 열로 인해 건조해져서 발생하는데 풍독이 피부에 항성한 것이다. 부천한 것은 개(疥)가 되고 심천한 것은 선(癬)이 되며, 개는 대부분 열을 끼고 있고 선은 대부분 습을 끼고 있다(疥癬皆血分熱燥以致, 風毒剋於皮膚, 浮淺者爲疥, 深沈者爲癬, 疥多挾熱, 癬多挾濕)."라고 하였다. 한국전통지식포털(www.koreantk.com) 용어사전 참조.

*21
장부(臟腑)의 기능이 옹체(壅滯)되어 풍열(風熱)의 독기(毒氣)가 간(肝)을 침범하고 근맥(筋脈)으로 옮겨가서 나력의 증상에 핵이 생기고 단단해지는 병증이다. 한국전통지식포털(www.koreantk.com) 용어사전 참조.

소변의 피를 멎게 하고 오림융폐(五淋癃閉)를 치료하며 방광을 돕는다.

본초강목(本草綱目)[*22]

모발을 검게 하고 근골을 튼튼하게 한다.

민들레의 성분과 약리작용[*23]

• 주요 성분

타락사스테롤(taraxasterol), 콜린(choline), 이눌린(inulin), 펙틴(pectin), 타락솔(taraxol), 스티그마스테롤(stigmasterol), 베타-아미린(β-amyrin), 베타-시토스테롤(β-sitosterol), 타락세롤(taraxerol), 타락사세린(taraxacerin), 타락사신(taraxacin), 비타민 A, B, C 등이 함유되어 있다.

• 약리작용

① 항염증 및 항알러지 작용

포공영 에탄올 추출물은 iNos 및 COX-2 발현억제를 통해 항염증 및 진통작용을 가진다.

② 혈액응고 억제작용

포공영에서 분리된 항응고물질은 쥐 대식세포주인 Raw 264.7세포에서 COX-2, NOS, NO, TNF-α의 생성을 증가시켰다.

*22 중국 명나라 이시진이 1590년에 편찬한 전 52권의 본초학서이다. 한국전통지식포털(www.koreantk.com) 용어사전 참조.

*23 한방약리학교재편찬위원회, 《한방약리학》 제3판, 신일북스. 228-229쪽 참조.

③ 면역증강 및 항암작용

-포공영의 다당류(polysaccharide) 분획은 강력한 면역 증강효과와 항암활성을 보인다. 이 분획은 약간의 단백질을 함유하며 고형암을 억제하고, 복강으로 나오는 세포를 증가시키며 면역장기의 무게를 증가시킨다.

-포공영의 물추출물이 인간 간암세포주인 Hep G2세포에 대해 세포사멸효과를 나타냈고, TNF-α와 IL-1α의 생성량을 증가시켰다.

민들레 처방의 예

민들레의 효능에 대해서는 중국 쪽에서 연구가 활발히 이루어져, 많은 실험을 통하여 본초서에 나타난 효능이 참임을 입증하고 있습니다. 또한 임상에서도 많이 활용되고 처방의 예도 보고되고 있습니다. 근래 우리나라에도 연구결과가 다수 발표되어 있습니다.

여기서는 민들레를 활용한 근현대의 처방 예[*24]를 소개합니다. 한 가지 주의할 것은, 아래의 처방 예는 한의사의 면밀한 진단을 거쳐 환자에 적용된 처방들이라는 점입니다. 환자의 개별적인 차이를 무시하고 적용하면 부작용을 초래할 수도 있으니, 아래의 처방을 복용하고자 한다면 먼저 한의사와 상담하시기 바랍니다.

• 급성 유선염 치료

포공영 2냥, 향부자 1냥을 하루에 1첩씩 두 번 달여 복용한다.

• 급사후에 젖을 먹이지 않아 유즙이 축적되어 생긴 부스럼

포공영을 짓찧어서 붙인다. 하루에 3~4차례 갈아붙인다.

• 급성결막염 치료

포공영, 금은화 등을 취하여 각각 따로 달여서 두 가지 점안액을 만든다. 이것을 한 번에 2~3방울씩 하루에 3~4차례 점안한다.

• 급성화농성 감염의 치료

포공영, 유향, 몰약, 감초 등을 취하여 함께 달여서 복용한다.

• 간염의 치료

말린 포공영 뿌리 6돈, 인진호 4돈, 시호, 생산치, 울금, 복령을 각각 3돈씩 취하여 함께 달여서 복용한다. 또 말린 뿌리와 천명정을 각각 1냥씩 취하여 함께 달여 복용한다.

*24

《중약대사전》(중국 상해과학기술출판사, 1977) 참조.

• 담낭염 치료

포공영 1냥을 달여 복용한다.

• 만성위염과 위궤양치료

포공영의 말린 뿌리, 지유 뿌리를 각각 같은 양으로 가루내어 한 번에 2돈씩 하루 세 번 생강탕으로 복용한다.

• 위약, 소화불량, 만성위염, 위창통 등의 치료

포공영 1냥, 귤피 6돈, 사인 3돈을 함께 갈아서 한 번에 2~3푼씩 하루 여러 번, 식후에 끓인 물로 복용한다.

Part 3

민들레 희망나눔

민들레로부터 배우는 공생의 지혜 • 가엾은 대학생들, 꿈까지 빼앗지는 말자 • 당신에겐 멘토가 있습니까? • 상식의 힘을 가르쳐준 멘토, 민들레 • 젊은이여 꿈을 펼쳐라 • 100세 시대를 축복으로 • 여성이 행복해야 선진사회이다 • 가족해체 시대에 가족을 생각하다 • 입양은 또 다른 가족을 만듭니다

대학생은 우리의 미래입니다.
지금의 대학생들이 등록금 문제보다는 국가와 사회, 자신의 미래를 위하여 고민하고
스스로를 업그레이드하기 위해 열심히 싸워가는 모습을 보고 싶습니다.

민들레로부터 배우는 공생의 지혜

천하에 재물이 부족함을 걱정하지 말고, 나누어 줄 사람이 없음을 걱정하여라.
-관자(管子)

'월가(街)를 점령하라(Occupy Wall Street)' 는 구호로 지난 9월 17일 시작된 청년들의 반(反) 월가 시위가 확산일로에 있습니다. 월가에 텐트를 치고 말 그대로 월가를 점령한 시위대는 최상위 1퍼센트가 국부의 절반을 점하는 부의 편중, 높은 실업률, 경제불안, 사회부조리 등을 비판하고 있습니다.

시위는 확산되어 LA, 시카고, 보스턴, 워싱턴 D.C. 등 미국 주요 도시는 물론 캐나다와 호주에서도 동조 시위가 일어났고, 노조도 가세하기 시작했습니다. 시위에는 '우리는 미국의 최고 부자 1퍼센트에 저항하는 99퍼센트 미국인의 입장을 대변한다', '미국의 상위 1퍼센트가 미국 전체 부(富)의 50퍼센트를 장악하고 있다', '매일 아침 일어나서 방값 걱정, 끼니 걱정을 하지 않게 해 달라' 등의 구호가 등장했습니다.

흔히 사회적인 구호를 외치면 그에 대한 지지와 반대가 엇갈리기 마련입니다만, 이번 시위는 그렇지 않았습니다. 제너럴일렉트릭(GE)캐피털 CEO 마이크 닐도, 연방준비은행 총재 리처드 피셔 댈러스도 시위대의 불만에 '공감한다' 는 반응을 보였고, 헤지펀드의 대부라 불리는 조지 소로스도 미국의 금융시스템 문제를 지적하며 시위대에 공감을 표했습니다. 벤 버냉키 연방준비제도이사회(FRB) 의장도 경제위기의 근원에 금융부문 문제가 있음을 인정하며 시위대의 반 월가 정서에 타당한 면이 있음을 인정했습니다.

상황이 이쯤이면 현재의 자본주의 시스템에 대한 반성이 일어나기 시작한 것으로 볼 수 있겠습니다. 나아가 현재 운용되고 있는 시스템에 대한 재합의가 이루어질 가능성마저도 시사합니다. 그래서 혹자는 자본주의 체제의 한계가 아닌가 하는 극단적인 분석마저도 내놓고 있습니다.

지난 9월 17일부터 시작된 월가의 시위장면

미국의 시위사태를 한마디로 요약하면, 암묵적인 공생의 합의가 파기된 현실에 대한 불만이 표출된 것이라고 말할 수 있겠습니다. 국가는 국민을 보호하고, 국민은 국가를 위해 의무를 다합니다. 자본가는 재산권을 인정받는 대신 일자리를 제공하고 적절한 대가를 지불합니다. 이는 국가와 국민, 자본가와 노동자 사이의 공생을 위한 최소한의 암묵적 합의입니다.

하지만 현재의 미국은 그러한 합의를 이행하지 못합니다. 청년층 실업률은 평균 실업률을 웃돌고, 금융자본가는 구조조정 명분으로 노동자를 대량해고하면서도 자기 몫 챙기기에만 몰두하고 있습니다. 그런 상황에서는 젊은이들이 더 이상 비전을 발견할 수 없지요.

미국 얘기를 하고 있는데, 씁쓸한 것은 왜일까요. 정말이지 남의 일 같지가 않습니다. 우리의 상황과 아주 빼닮았지요. 비싼 대학등록금을 조달하느라 빚쟁이가 되어 학교를 나서지만 일자리 구하기는 하늘의 별따기인 우리 대학생들, 높은 임대료에 외곽으로 밀려나는 세입자들, 경영상 어려움을 이유로 노동자를 정리해고하고는 다음날 주주들에게 배당하고 임원들 임금 총액은 늘리는 부도덕한 기업주, 약자를 보호하고 서민의 삶을 챙겨야 할 임무는 방기한 채 대기업 배만 불리는 정부 등 신자유주의의 비극적인 종말의 예고편인 것만 같아 걱정스럽기 그지없습니다.

미국과 한국의 상황이 닮았다는 것은, 미국에서 벌어지고 있는 청년들의 시위가 한국에서도 일어날 것임을 예견케 합니다. 글쎄요. 그때 정부는 어떤 해답을 내어놓을까요?

2011년 광복절에 이명박 대통령은 공생적 발전이라는 화두를 들고 나왔습니다. 집권 이후 줄곧 시행해온 성장 위주 정책에 대한 반성일지, 아니면 그로 인한 폐단에 대한 책임 회피일지는 모르겠습니다. 하지만 때늦은 감이 있어도 양자에 대한 철저한 자기반성이라고 생각합니다. 어쨌든 지금은 그 어느 때보다 상생, 공생의 지혜가 필요한 상황인 것은 분명합니다.

공생이 아니라 한 쪽만 일방적으로 편익을 취하는 구조라면 그 사회는 지속되기 힘듭니다. 더구나 양극화가 심각한 수준인 우리나라는 더욱 위험합니다. 가급적 빨리 공생적인 구조를 재확립해야 할 필요성이 여기에 있습니다. 공생을 위한 모종의 안정적인 사회적 합의가 이루어지고, 이를 제도적인 개혁에 반영해야 합니다. 전 국민이 단결하지 않고서 경제위기를 극복하기란 불가능합니다.

저는 민들레에서 공생의 지혜를 발견합니다. 민들레라는 녀석은 땅바닥에 붙어살아 그런지 평소에는 존재감이 없는 놈입니다. 노란 꽃이나 겨우 피어야 가까스로 눈에 띄는 그런 미미한 존재입니다. 하지만 민들레가 갖고 있는 공생 메커니즘만 놓고 본다면 우리네 인간보다 훨씬 낫습니다.

첫째, 민들레는 평등합니다. 많은 잎들이 피어나지만, 그 잎들이 피어나는 출발점은 줄기가 아닌 뿌리입니다. 뿌리에서 모든 잎들이 바로 피어나기 때문에 출발선이 같습니다. 어떤 놈은 높은 가지에서, 어떤 놈은 낮은 가지에서 피어나 출발선이 다른 여타 풀, 나무와는 다릅니다.

둘째, 민들레는 조화로운 상태를 유지합니다. 민들레꽃은 하나의 사회와 같습니다. 한 송이의 꽃으로 보이는 민들레꽃은 사실 낱꽃들의 집합체입니다. 낱꽃들이 모여서 민들레꽃을 구성하고 있는 거지요. 하지만 그 낱꽃들 사이에 불협화음은 없습니다. 서로를 개체로서 존중한다는 느낌이라고 할까요. 낱꽃들은 마치 한 몸인 양 어우러져 꽃을 피웁니다. 그러다가 꽃이 지고 씨가 되면 모두가 따로따로 제 갈 길로 날아갑니다. 서넛만 모여도 이견이 불가피하고, 이견을 조정하다보면 갈등이 증폭되기 십상인 인간과 다릅니다.

셋째, 민들레는 양보하는 미덕을 갖고 있습니다. 민들레는 평소에 줄기가 없지만, 꽃이 필 때만은 꽃대가 올라옵니다. 한 포기에서 보통 여러 개의 꽃대가 올라오는데요, 민들레는 꽃대들 간에 서로 경쟁하려들지 않습니다. 꽃대가 차례로 올라와 차례로 꽃을 피웁니다. 수분과 수정의 과정에서 서로 다퉈봤자 좋을 게 없다는 것을 알고 있기 때문이라고 합니다. 갈등이 발생하면 극단으로 치닫는 우리들보다 훨씬 지혜롭지 않나요?

공생적 발전이 강조되는 이 시대에 민들레가 주는 시사점은 적지 않습니다. 공생의 전제는 서로가 서로를 인정하는 것입니다. 그런데 과연 우리가 서로를 인정하고 있는지 의문입니다. 대학등록금에 짓눌려, 등록금 좀 깎아달라고 거리로 나가 하소연하는 대학생들 입을 틀어막고 연행하는 것이 지금의 정부 아닌가요? 일할 수 있게 해달라고 크레인에 올라가 고공농성하는 노동자를 향해 해고의 칼을 휘두르는 게 기업주 아닌가요?

상대방의 입을 막아버리고, 내 귀를 닫아버린 채 외치는 '공생적 발전'이라는 구호에는 진실성이 없습니다. 국민들로부터 인정받기 어렵습니다. 나의 진실성이 상대방에 가닿게 하려면, 먼저 상대방을 인정해야 한다는 평범한 진리를 잊지 말기를 충심으로 바랍니다.

가엾은 대학생들, 꿈까지 빼앗지는 말자

세상은 온통 문이고, 온통 기회이고, 울려주기를 기다리는 팽팽한 줄이다.
–랄프 왈도 에머슨(Ralph Waldo Emerson)

등록금 천만 원 시대를 맞아 반값등록금 공약을 이행하라는 대학생들의 요구가 뜨겁습니다. 학부모와 시민사회가 동참하고, 여야 역시 나름의 해법을 제시하기 위해 분주합니다. 마침내 정부도 하늘 높은 줄 모르고 치솟기만 하는 대학등록금 문제 해결을 위해 등록금 산정의 적정성을 파악하기 위한 대학교 감사와 구조조정이라는 카드를 빼들었습니다.

우리나라 등록금은 OECD 국가 가운데 미국 다음으로 높다고 하는데요. 교육의 질까지 감안하여 상대비용을 따져본다면 미국보다 훨씬 높지 않을까싶습니다. 등록금 인상률을 보면 가히 살인적입니다. 2005년부터 5년간 국내 물가상승률이 16퍼센트인데, 대학등록금 인상률은 30퍼센트 내외로 두 배에 가깝습니다.

등록금이 이처럼 가파르게 상승하는 이유는 정부의 지원이 부족한 데다, 학교재단 또한 제 역할을 하지 않기 때문일 겁니다. 대학에서 필요한 비용을 등록금에 의존해야만 하는 것이지요. 4년제 대학의 절반 이상이 등록금 의존율 80퍼센트라고 합니다. 90퍼센트에 달하는 대학도 있고, 재단전입금 0원인 대학도 있다고 합니다.

일반 가정에서 등록금 1000만 원을 감당하는 것은 정말 벅찬 일입니다. 그렇다보니 학생들은 아르바이트로 내몰리고, 등록금 마련이 어려우면 휴학을 합니다. 학자금 융자를 받아 해결하다보면 졸업 즉시 빚쟁이가 됩니다. 그렇게 고생하여 졸업하면 취업이나 잘돼야지요. 하지만 현실은 그렇지 못합니다. 졸업생의 절반 이상은 일자리를 구하지 못하고 있는 게 현실입니다. 그러니까 취업에 도움이 안 되는 졸업장을 따기 위해 비싼 등록금을 물고 있는 아이러니한 상황인 겁니다.

매년 민들레포럼에서는 중고등학생과 대학생들에게 장학금을 지급하고 있습니다. 아직 규모가 크지 않고 금액도 성의를 표하는 정도로 약소합니다만, 나름대로 기쁜 마음으로 시작한 장학사업입니다.

고등학생 20명과 대학생 10명을 선발한다는 공고를 내고 접수를 받기 시작했습니다. 접수를 마감한 후 저와 우리 직원들은 놀라지 않을 수 없었습니다. 너무나 많은 신청자가 몰린 겁니다. 생각보다 지원자가 몰리자 정해진 인원을 선발하는 것은 보통 어려운 일이 아니었습니다. 5인으로 구성된 선발위원회는 학교성적과 가정형편을 5:5의 가중치를 두고 심사했습니다.

선발도 어려운 일이었지만, 탈락 사실을 통보하는 것은 더욱 힘든 일이었습니다. 장학금에 기대를 걸었을 학생들을 떠올리며 무어라 위로의 말을 할까, 어떻게 통보 문자를 작성하면 실망감이 덜할까……. 썼다 지우기를 수차례 하며 어렵게 문구를 만들었던 기억이 아직도 생

2011년 민들레 홀씨 장학금 수여식

생합니다. 해줄 수 있는 것이 이것밖에 안 된다는 사실에 가슴 아프고, 학생들에게 무척이나 미안했습니다.

저 자신도 40년 전 고등학생 시절 받았던 장학금 400원으로 학업을 이어갈 수 있었기에, 장학금이 얼마나 고맙고 소중한지 잘 압니다. 당시 400원은 지금의 400억보다도 훨씬 값어치 있는 것이었습니다. 그 장학금이 저의 미래와 인생을 완전히 바꿔놓았기 때문입니다.

그 장학금이 있었기에 학업을 무사히 마쳤고, 기업은행에 입사해 은행원의 삶을 시작할 수 있었으며, 부행장에까지 올랐습니다. 그리고 지금 40여 년 전 제가 겪었던 고민을 하고 있는 학생들에게 작은 마음이라도 베풀 수 있는 것 아니겠습니까. 민들레포럼 장학금을 받은 학생들이 또다시 커서 어른이 되면, 옛일을 기억하고 또 다른 이들에게 희망의 손길을 내밀 수 있겠지요. 민들레포럼 장학금 지급이 아무나 할 수 없는 대단한 일은 절대로 아닙니다. 하지만 세상을 선순환적으로 흘러가게 하는 데 작은 보탬은 된다고 자부합니다.

등록금 마련에 힘들어하다 학업을 포기하는 학생들에게 세상이 아름다울 리 없습니다. 세상이 아름답다는 것도 알지 못하고, 자신의 능력을 펼칠 기회도 얻지 못하면 그 학생 개인도 손해요, 사회도 손해 아니겠습니까.

기업은행 재직시절, ‘비올 때 우산을 빼앗지 않겠다’는 것이 기업은행의 모토였던 때가 있습니다. 우리는 어려울 때 기꺼이 우산을 함께 씌워줄 마음가짐을 가져야 합니다. 여야를 가를 것 없이, 지역을 나눌 것 없이 기성세대들은 젊은이들의 날개가 꺾이지 않도록 지혜를 모아야 합니다. 그리하여 젊은이들이 꿈을 펼칠 수 있도록 기회를 열어줘야지요.

대학생은 우리의 미래입니다. 이 땅의 민주화를 일군 것도 대학생들이었고, 치열한 국제경쟁에서 싸워가며 우리나라 경제를 발전시킨 것도 대학생들이었습니다. 지금의 대학생들이 등록금 문제보다는 국가와 사회, 자신의 미래를 위하여 고민하고 스스로를 업그레이드하기 위해 열심히 싸워가는 모습을 보고 싶습니다.

당신에겐 멘토가 있습니까?

개인은 계속되는 변화를 통해
자신에게 주어진 정체성을 극복함으로써 새로운 자아를 생성시킬 수 있다.

–폴 발라디르(Paul Valadier)

최근 서울시장 보궐선거 출마 여부를 놓고 안철수 씨가 화제가 된 적이 있습니다. 그에 대한 놀라운 지지율은 아마도 기성 정치권에 대한 불신에 더하여 그가 보여준 끝없는 도전정신과 건전한 기업가 정신에 대한 존경의 표시였을 것입니다.

출마여부가 초미의 관심사가 되던 즈음, 언론은 그에 대한 다양한 정보를 기사화하여 쏟아내고 있었습니다. 그 기사들 중 유독 제 눈에 들어온 것이 하나 있었습니다. 그것은 '내 멘토는 300명' 이라는 기사였습니다. 멘토가 무엇입니까? 조언해줄 수 있는 인생의 스승 아닙니까. 보통 한두 명 있을까 말까 할 텐데, 무려 300명이라니요.

멘토라는 말이 처음 등장한 것은 호메로스의 《오디세이아》라고 합니다. 고대 그리스 이타카 왕국의 오디세우스 왕은 트로이 전쟁터로 나가기 직전 궁에 남게 될 왕자 텔레마쿠스가 걱정이 되었습니다. 왕위를 이어받아야 할 아들인데 심신이 허약했기 때문이지요. 고심 끝에 오디세우스는 아들을 친구이자 당대의 현자인 멘토(mentor)에게 맡기기로 합니다.

20여 년의 긴 전쟁을 치르고 돌아와 보니 왕자 텔레마쿠스는 훌륭한 청년으로 성장해 있었습니다. 물론 멘토의 훈육 덕분이었지요. 이 일을 계기로 훌륭한 조언자, 상담자, 인생의 스승을 멘토라 부르게 됐답니다.

우리나라에서 멘토라는 말이 많이 쓰이기 시작한 것은 10여 년쯤 된 것 같습니다. 학교 선배, 선생님, 또는 직장 선배나 상사 등 경험이 풍부하여 어려운 상황에 처해있을 때 적절한 조언을 던져줄 수 있는 분들을 멘토라고 칭합니다. 멘토의 조언을 듣는 입장의 사람은 멘티라고 하지요.

안철수 씨의 멘토가 300명이라고 하는 것은 두 가지로 해석해볼 수 있겠습니다. 첫째는 그만큼 사귐의 폭이 넓다는 것입니다. 사귐의 폭이 넓은 만큼 세상을 보는 시야는 자연히 넓어집니다. 요즘처럼 복잡하고 분화된 세상에서 모든 분야에 해박한 지식을 갖기는 어렵습니다. 하지만 살아가다보면 다양한 문제에 직면하게 되고 많은 지식이 요구되지요. 독학을 통해 해결할 수도 있지만, 더 빠른 길은 믿을 만한 누군가에게 물어보는 겁니다. 책을 통해 한 달 걸려 얻을 지식을 전화 한 통으로 해결할 수도 있으니까요. 가끔 만나 대화만 해도 많은 것을 배울 수 있습니다.

둘째는 그가 많은 사람들을 멘토 삼아서 그들로부터 배우려는 노력을 하고 있다는 것입니다. 다른 사람으로부터 배운다는 것은 배울 준비가 되어 있을 때 비로소 가능합니다. 오만함으로 가득 찬 사람에게 타인은 내가 가르쳐야 할 대상일 뿐입니다.

《논어》 술이(述而)편에서 "세 사람이 길을 가면 반드시 내 스승이 있다(三人行 必有我師焉)." 했습니다. 그렇습니다. 주위를 둘러보면 내게 조언하고 충고해줄 사람이 분명히 있는 법입니다. 하지만 우리는 그들의 가치를 잘 모릅니다. 그들의 진정한 가치를 발견하고, 스승으로 볼 수 있는 것은 전적으로 우리 자신의 몫이지요. 내가 겸허하고 배우려는 마음가짐이 돼 있을 때 비로소 가능한 것입니다. '300명의 멘토' 발언에서 저는 그의 마음가짐 단편을 엿볼 수 있었습니다.

당신은 멘토가 있습니까? 혹시 아직도 멘토를 갖고 있지 않다면, 장담컨대 당신은 그만큼 성공할 확률이 낮습니다. 그 이유는 첫째, 지름길을 앞에 두고도 돌아가게 되거나, 최선이 아닌 선택을 할 가능성이 크기 때문입니다. 멘토는 어두운 뱃길에서 나를 이끌어줄 등대요 나침반입니다. 현실의 어려움에 직면하여 회피하고 싶을 때, 대충 타협하고 쉬운 길로 가고 싶은 유혹을 느낄 때, 안개 속처럼 길이 보이지 않을 때, 이러지도 저러지도 못할 진퇴양난의 상황일 때, 또 이론적으로는 개연성이 있지만 과연 현실성이 있을까 의심이 들 때, 멘토는 자신의 지혜가 담긴 간결한 답을 제공하여 시행착오를 줄여줍니다. 막상 문제에 직면해서 조언자를 찾으면 그 때는 이미 늦습니다. 급하게 멘토를 찾기도 어렵거니와, 평소 나에 대하여 잘 모르던 사람이 적절한 조언을 해주기는 어려운 일이지요.

많은 청소년들에게 멘토의 역할을 하는 저자

또 다른 이유는 마음가짐에 관계됩니다. 저는 가끔 멘토를 갖고 있지 못한 사람들에게 "당신은 왜 멘토가 없소?"라고 질문을 해봅니다. "필요성을 못 느끼기 때문"이라는 대답이 돌아올 때가 많지요. 하지만 좀더 따져 물어 가면 결국은 자기 마음을 열지 않으려 한다는 데 원인이 있음을 발견하곤 합니다. 이런 상태라면 멘토링 이전에, 세상과 소통하지 못하는 닫힌 마음부터 고쳐야 합니다.

자기 마음을 열지 못하는 분은 자기 세계에 갇혀 살 가능성이 크고, 사람들과 적절한 방식으로 교류하기 어렵습니다. 사회 속에서 다른 이들과 함께 살아가고, 그 안에서 성공까지도 꿈꾼다면 반드시 극복해야 합니다.

다른 한편에서 생각해보면, 우리가 불신의 시대를 살고 있긴 합니다만 마음을 터놓고 지낼 만한 상대방이 몇몇은 있어야 합니다. 안팎으로 강한 압박을 받으며 살아가기 마련인데, 혼자 끙끙 앓고 있으면 답답해서 병납니다.

정말로 멘토링이 필요치 않은 분이라면 상관없습니다만, 혹시라도 누군가에게 간절하게 도움을 청하고 싶은 마음이 있다면 적극적으로 멘토를 찾으십시오. 그 첫걸음은 멘토로 모시고 싶은 분에게 자기의 모습을 솔직하게 보여주는 것입니다. 내가 마음을 열지 않는데, 먼저 마음 열고 찾아와 조언을 줄 사람은 많지 않습니다.

이제 저도 나이를 먹었는지 선배보다 후배가 더 많습니다. 제가 젊을 적에는 멘티 역할이 주였지만, 이제는 멘토 역할을 해야 할 때가 많아졌습니다. 저를 찾아와서 멘토가 되어달라는 요청을 하는 후배들이 적지 않습니다. 청을 받을 때 먼저 생각하는 것은, 내가 이 후배에게 적절한 조언을 해줄 수 있을까, 이 후배는 열린 마음으로 조언을 청취할 자세가 되어 있을까 하는 점입니다. 그들 중에는 요청은 하면서도 마음을 열지 못하고 있는 이들도 있습니다. 그런 이들은 정중히 돌려보냅니다. 제가 도움되기 어렵다는 것을 아니까요.

나의 마음을 가만히 들여다보세요. 마음을 열지 못하는 이면에는 오만과 독선이 꿈틀거리고 있을지도 모릅니다. 성공하고 싶다면 이 또한 극복해야 할 대상입니다. 현대 사회에서 닫힌 마음은 패배의 지름길입니다. 현대 사회는 정보화 사회입니다. 정보는 소통이 생명입니다. 닫힌 마음은 정보의 소통을 단절시킵니다. 나 자신을 정보의 흐름 속에 던져놓고, 그 정보들을 풍부하게 흡수해도 시대의 속도를 따라잡을까 말까인데, 그 흐름에서 소외되어 있다면 경쟁은 해보나 마나입니다.

겸허하고 열린 마음으로 사람들과 교류할 때 다른 사람이 들어올 자리가 생깁니다. 그리고 그들의 조언을 받아들여야 자신을 업그레이드할 기회도 더욱 넓어집니다. 다시 말해 멘토를 갖고 있다는 것은 나를 발전시킬 최소한의 준비가 되어 있음을 의미하는 것이라고 볼 수 있습니다.

상식의 힘을 가르쳐준 멘토, 민들레

인생이 얼마나 빨리 지나가는지 처음으로 깨닫는 순간 인생은 시작된다.

–마르셀린 콕스(Marcelene Cox)

제게도 여러 분의 멘토가 있습니다. 그중에는 직장 선배도 계시고, 지역운동가도 계시고, 정당에서 활동하는 분도 계십니다. 민들레포럼에 회원으로 참여하고 계신 분들 중에도 허리 굽혀 감사를 표하고 싶은, 고마운 조언을 주시는 분들이 적지 않습니다. 참으로 인생에서 큰 가르침을 주시는 분들입니다.

제가 기업은행 부행장 재직 시절에 모셨던 강권석 행장님도 저의 멘토 중 한 분이십니다. 안타깝게도 얼마 전 고인이 되셨지만, 그분이 하신 말씀 한마디 한마디는 지금도 큰 울림으로 남아 있습니다. 강 행장님은 생전에 탁월한 경영철학으로 기업과 은행의 공생적인 관계 형성에 힘쓰셨고, 안으로는 직원들과 공감대를 형성하기 위해 솔선수범하시던 분이었습니다. "비올 때 우산을 빼앗지 않겠다."는 유명한 말도 그분이 하신 말씀이었습니다.

기업이 잘 될 때는 은행들이 서로 도움을 주고 싶어 하다가도, 막상 기업이 어려워지면 등 돌리는 것이 은행들의 일반적인 습성이었음을 감안하면, 강 행장님의 '우산론'은 신선한 것이었습니다. 은행과 기업의 공생적 관계를 천명했다는 점에서 은행이 나아가야 할 방향을 제시한 선언과도 같았습니다.

상식은 무척 힘이 강합니다만, 관행이나 관습이 더 힘을 발휘할 때도 많습니다. 기업 없이 은행 없고, 은행 없이 기업이 있을 수 없다는 것은 상식입니다. 하지만 현실적으로 공생의 인식은 희박했고, 상대적으로 유리한 입장인 은행이 자기들의 이익을 지키는 데 치중하기 십상이었던 게 관행이었습니다. 강 행장님은 관행의 틀을 깨고 나와 상식으로 돌아가는 용기를 보여주셨습니다.

강 행장님의 우산론은 단지 선언에 그치지 않고 실천에 옮겨졌습니다. 기업의 자금지원뿐 아니라 컨설팅, 투자, 체인지 업, 정보제공, 사모펀드, 프로젝트 파이낸싱(project financing) 등 종합금융을 통해 기업에 맞는 맞춤서비스를 제공하였습니다. 덕분에 기업은행은 신뢰할 수 있는 은행으로서의 위치를 공고히 해나갈 수 있었지요.

강 행장님을 곁에서 모시면서 저 또한 상식의 힘을 배울 수 있었습니다. 정치에 입문한 지금도 변함없이 저는 상식의 힘을 믿습니다. 그리고 상식이 지켜지는 사회를 만들기 위해 노력하고 있습니다.

흔히 멘토-멘티의 관계라면, 서로 존중하는 관계를 말합니다. 멘티는 멘토를 존경하고 멘토는 멘티를 사랑으로 아끼는 관계가 전형적인 멘토-멘티의 관계입니다. 하지만 반드시 그래야만 하는 것은 아닙니다. 직접적인 조언을 주지는 않더라도, 내가 그로부터 무엇인가를 배울 수 있다면 그 역시도 멘토-멘티의 관계가 될 수 있는 것입니다.

경쟁사회에서 아주 쉽게 멘토를 찾는 방법 중 하나로 권하고 싶은 것은 강력한 경쟁자를 멘토로 삼는 것입니다. 지금 당장은 경쟁관계에 있는 것처럼 보이지만, 길고 긴 인생에서는 함께 살아가는 이웃이고 동지일 수 있는 법입니다.

옆의 경쟁자가 얄밉기도 하고 부러울 때도 있기 마련입니다. 하지만 다만 얄미운 마음에 머물고 만다면 나에게 큰 손실이 될 수 있습니다. 미워하는 마음은 자기 파괴적일 뿐입니다. 눈 한번 돌려서 그 사람의 장점을 바라보십시오. 나를 한 단계 업그레이드시키는 디딤돌이 될 테니까요.

누군가를 멘토로 모실 수 있다는 것은 행운입니다. 그런 행운은 나름 인연이 되어야 찾아오는 법입니다. 그런 인연을 만나기 전까지는 책을 멘토로 삼아보는 것도 좋습니다. 유방을 도와 한나라를 세운 공신 장량에게는 《육도삼략》이, 이성계를 도와 조선을 건국한 정도전에

지역공동체 민들레포럼 창립 1주년 기념

게는《맹자》가 멘토 역할을 했다는 사실은 익히 알려져 있습니다.

제가 집무를 보는 책상에는 공주대학 김덕수 교수가 쓴《맨주먹의 CEO 이순신에게 배워라》에서 발췌한 글이 붙어 있습니다. 이순신 장군이 직접 하신 말씀은 아니라지만, 수시로 들여다보면서 힘을 얻습니다. 그리고 마음가짐이 흐트러지지 않았는지 반성하고 다잡아봅니다.

민들레를 워낙 좋아하는 저에게는 민들레 또한 훌륭한 멘토라고 할 수 있겠습니다. 어릴 적 보았던, 시멘트 계단 사이에 피어난 민들레는 50여 년이 지난 지금까지도 뇌리에서 떠나지 않습니다. 힘들 때면 더욱 생각나곤 하던 그 민들레는 저에게, 살아남아야 한다는 의지의 표상이었습니다. 이쯤이면 민들레도 훌륭한 멘토 아닐까요?

그때 그 민들레를 떠올리며 꿈을 꺾지 않을 수 있었고, 이렇게 다시 고향으로 돌아와 지역사회를 아름답고 살기 좋은 곳으로 만들겠다는 더 큰 꿈을 꿀 수 있게 되었습니다. 한 송이 민들레꽃이 이제 4000여 명의 회원을 가진 지역공동체 민들레포럼으로 피어났고, 장차 전주 발전의 초석이 될 것입니다.

이순신 장군의 가상 어록

• 집안이 나쁘다고 탓하지 말라

나는 몰락한 역적의 가문에서 태어나 가난 때문에 외갓집에서 자라났다.

• 머리가 나쁘다고 탓하지 말라

나는 첫 시험에서 낙방하고 서른둘의 늦은 나이에 겨우 과거에 급제했다.

• 좋은 직위가 아니라고 불평하지 말라

나는 14년 동안 변방 오지의 말단 수비 장교로 돌았다.

• 윗사람의 지시라 어쩔 수 없다고 말하지 말라

나는 불의한 직속 상관들과의 불화로 몇 차례 파면과 불이익을 받았다.

• 몸이 약하다고 고민하지 말라

나는 평생 고질적인 위장병과 전염병으로 고통을 받았다.

• 기회가 주어지지 않는다고 불평하지 말라

나는 적군의 침입으로 나라가 위태로워진 후 마흔 일곱에 제독이 되었다.

• 조직의 지원이 없다고 실망하지 말라

나는 임금의 끊임없는 오해와 의심으로 모든 공을 뺏긴 채 옥살이를 해야 했다.

• 자본이 없다고 실망하지 말라

나는 빈손으로 돌아온 전쟁터에서 12척의 낡은 배로 133척의 적을 막았다.

• 옳지 못한 방법으로 가족을 사랑한다 말하지 말라

나는 스무 살의 아들을 적의 칼날에 잃었고 남은 아들들과 전쟁터로 나섰다.

• 죽음이 두렵다고 말하지 말라

나는 적들이 물러가는 마지막 전투에서 스스로 죽음을 택했다.

-《맨주먹의 CEO 이순신에게 배워라》 중에서

젊은이여 꿈을 펼쳐라

불가능한 일을 하는 것은 일종의 즐거움이다.

– 월트 디즈니(Walter Elias Disney)

얼마 전 저의 하루를 동행 취재하겠다며 기자 한 분이 찾아왔습니다. 발로 뛰면서 생생하게 현장을 취재하고 싶다는 것이었습니다. 그 열정이 반가워 흔쾌히 승낙을 하고, 저의 하루를 고스란히 공개하기로 했습니다.

약속한 날 기자는 제 차를 타고 함께 이곳저곳 이동하였습니다. 그날은 민들레동산과 민들레포럼 이사회, 봉사모임을 포함하여 10여 개의 크고 작은 모임이 있어서 전주 완산구 일원과 완주 비봉면을 누비고 다녔습니다.

늘 그렇듯이 끼니도 간신히 챙기면서 강행군을 한 그날 일정은 밤 10시가 넘어서야 끝났습니다. 하루 종일 저를 동행했던 기자가 제게 지친 표정으로 "이렇게 돌아다니면 피곤하지 않으세요?"라고 물어오더군요. 저는 "조금 피곤하지만 꿈이 있기에 괜찮습니다."라고 답했습니다.

꿈은 사람을 초인으로 만드는 힘이 있는 것 같습니다. 꿈이 있으면 집중할 수 있기 때문일까요? 좋지 않은 상황도 극복해낼 의지와 용기가 생김을 느낍니다. 용기를 갖고 힘과 의지를 한 곳에 모으다 보면 마치 볼록렌즈로 빛을 모아 검은 종이를 태우듯이 어려운 국면도 극복되곤 합니다.

제가 어렸을 때부터 지금의 모습을 상상하며 꿈을 키웠던 것은 아닙니다. 저는 머물던 자리에서 꿈을 새로이 정하였고, 그 목표 달성을 위하여 매진했을 뿐입니다.

어릴 적 제 꿈은 우리 집 빚을 갚는 것이었습니다. 어린 나이에 품는 꿈은 대통령이나 장군, 판검사 정도가 보통인데요, 저는 그렇지가 못했습니다. 늘 빚에 쪼들리는 부모님을 보면서 빨리 취직해 빚을 갚겠다는 생각뿐이었습니다.

젊은이들과 자주 만나 꿈 바이러스를 전하는 저자

그런데 고등학교 때 가정방문을 오신 담임선생님께서 "은행에 들어가면 돈을 많이 벌 수 있다."고 말씀하시자 저의 꿈은 은행에 취직하는 것으로 바뀌었습니다. 운 좋게도 국책은행이던 기업은행에 취업이 되었고, 빚을 갚겠다는 목표도 서서히 이루어져가기 시작했습니다.

은행에 들어가서는, 은행 내에서 최고가 되는 것이 꿈이었습니다. 신입사원 시절 저는 영업부로 발령을 받았고, 낯선 땅 서울 을지로에서 영업 업무를 시작했습니다. 아는 사람 하나 없는 서울에서 영업을 하기란 만만한 일이 아니었습니다.

그 당시 생각한 것이 고객을 찾아가 동전과 신권을 교환해주는 일이었습니다. 서비스 마인드가 미약하던 시절, 고객들이 은행에서 동전을 교환받는다는 것이 껄끄럽게 느껴질 수 있다는 점에 착안한 것이었지요. 저의 아이디어는 적중했고, 인근 식당과 상가의 주인들이 주거래 은행을 기업은행으로 바꾸기 시작했습니다. 저의 영업실적이 올라갔음은 물론입니다.

또 영업현장을 돌 때는 섭외기록부를 만들어 만난 사람이 가입한 적금, 섭외방법 등을 꼼꼼히 기록하였습니다. 이러한 노력들에 힘입어 저는 당시 은행에서 시행되던 월례 우수사원포상을 1년 동안 11번이나 수상할 수 있었습니다. 지점장이 되어서는 가는 지점마다 최우수지점으로 올려놓았지요. 1등 제조기라는 별명도 얻었고요. 가는 곳마다 그곳의 특성을 살피고, 아이디어를 낸 결과였습니다.

공모제 1호 지점장으로 안양 평촌지점에 발령이 났을 때 이야기입니다. 그 당시 허허벌판이던 이곳에는 벌말역이 있었습니다. 그런데 아무래도 벌말역이라는 이름은 지하철 개통 당시부터 외부인은 물론 현지 주민들에게도 생소하게 들렸습니다. 이곳을 알리고 사람들이 자

안양 평촌지점 지점장 시절

주 찾아오게 하기 위해서는 역명을 바꿔야 한다고 생각했습니다. 저는 인근 상인들이 주축이 된 상인회와 함께 현수막을 걸고 '역명변경운동'을 시작하였고, 드디어 1996년 '평촌역'으로 역명이 변경되면서 상권이 활성화되는 쾌거를 올렸습니다.

이처럼 현장을 발로 뛰며 낸 아이디어였기에 적중 가능성도 높을 수밖에 없었습니다. 덕분에 외부에서 임명되는 은행장직을 제외하면 은행 내 가장 높은 직급인 부행장까지도 무난하게 올라갈 수 있었습니다.

좀 더 큰일을 하고자 부행장을 그만두고 고향으로 내려온 지금은 또 다른 꿈을 꾸고 있습니다. 국회에 들어가 지역과 국가를 위하여 큰 봉사를 하는 것입니다.

그 다음 꿈은 아마도 세상을 아름답게 만드는 그런 것이 될 것 같습니다. 사랑과 나눔의 가치를 확산시켜 고통스럽게 살아가는 이들의 눈물을 닦아주고 싶습니다. 아마 그때조차도 저의 꿈은 계속 현재진행형일 것입니다.

요즘처럼 젊은이들이 살아가기 힘든 적은 분명히 없었을 겁니다. 하지만 그렇다고 해서 꿈을 접어서는 안 됩니다. 꿈을 포기한다는 것은 인생을 포기하는 것과 같으니까요.

혹시라도 꿈을 접고 싶어진다면, 내가 설정한 꿈이 적절한지부터 생각하십시오. 세 걸음을 달려가야 하는 꿈보다는 한 걸음에 달려갈 수 있는 꿈이 성취감은 적을지 몰라도 실현 가능성이 높습니다. 세 걸음을 가느라 3전3패하는 것보다는 한 걸음씩 세 번 가면서 3전3승하는 편이 훨씬 낫지 않을까요?

한 번 패배할 수는 있습니다. 하지만 같은 패배를 두세 번 반복하지는 마십시오. 패배했을 때 패인을 철저하게 반성하고 연구하면 같은 패배를 반복하지는 않습니다.

인생의 성공은 한 번에 이루어지지 않습니다. 자고 일어나보니 성공하는 법은 없습니다. 오죽하면 1만 시간의 법칙이 나왔겠습니까. 어느 한 분야에서 성공하려면 1만 시간을 그 일에 투자해야 합니다. 패배를 선언하려거든, 또는 꿈의 포기를 선언하려거든 1만 시간 투자한 뒤에 해도 늦지 않습니다.

잔잔한 바다는 유능한 선장을 만들어주지 못합니다. 내가 원하는 방향으로 나의 인생을 이끌어가고 소기의 꿈을 이루고 싶다면 지금의 혹독한 현실을 즐기십시오. 적이 강할수록 내가 강해짐을 명심하십시오.

수없는 시련과 어려움과 후회 없는 한판 싸움을 벌여보십시오. 먼 훗날 지금 이 고통스러운 순간을 돌아볼 때 당신은 웃으며 회고하게 될 것입니다. 그때가 즐거웠노라고.

100세 시대를 축복으로

노화에 대한 치료법은 관심과 열정과 일이다.

–조지 메이슨(George Mason)

우리나라 최빈사망연령이 2020년이면 100세에 이를 것이라는 전망이 나오고 있습니다. 소위 '100세 시대'가 열리는 것입니다. 최빈사망연령이란 가장 많은 사람이 사망하는 시점의 연령을 말하는데, 2000년 77세, 2008년 85세에 이어 2020년에 100세가 된다고 합니다. 아울러 65세 이상의 인구 비율이 높아지는 고령사회로의 진입도 빠르게 진행되고 있습니다.

인류의 소망인 장수의 꿈이 현실화되고 있습니다만, 정작 국민들은 반기는 기색이 아닙니다. 얼마 전 한국보건사회연구원이 30~69세 남녀 1000명을 대상으로 조사한 결과 '90세 또는 100세 이상까지 사는 것은 축복이 아니다'는 응답이 43퍼센트나 됐다고 합니다. 반면 '오래 사는 것이 축복'이라는 의견은 29퍼센트에 지나지 않았다고 합니다.

이처럼 장수에 대하여 회의적인 반응을 보이는 이유는 아마도 오늘날 우리 사회 어르신들의 사는 모습이 여러 모로 암울해보이기 때문일 겁니다. 노인빈곤율이 45퍼센트에 달하고, 75세 이상 어르신의 자살률이 10만 명당 160명에 달할 정도로 노년의 삶은 어둡기만 합니다.

실제로 한국개발연구원(KDI)이 조사한 바에 따르면 100세 시대 국민불안의 이유는 건강, 생활비, 일자리 순인 것으로 나타났다고 합니다. 한마디로 노후대비가 되어 있지 않기 때문에 오래 산다는 것이 부담스럽다는 이야깁니다. 이 얼마나 슬픈 현실입니까. 이명박 정부가 복지과잉 운운하며 복지예산을 삭감하고 있는데, 정작 국민들은 사는 것 자체가 부담스러운 지경입니다. 정부가 국민의 살림을 몰라도 너무 모르고, 적정 복지수준에 대한 인식이 잘못돼도 한참 잘못되어 있는 것이지요.

100세 시대가 진정 축복이려면 국가가 나서서 차분하게 준비를 해나가야만 합니다. 현행 복지제도를 포함한 사회시스템은 평균연령 80세에 맞춰져있습니다. 30~40여 년 일하다가 65세에 은퇴하고, 15년가량 노후를 보내다가 사망하는 것을 전제로 연금제도, 건강보험제도, 고용제도 등이 운용되고 있는 겁니다. 그러니까 현행 시스템으로는 수명증가로 인한 변화 속도를 따라잡기 어렵습니다.

수명이 20여 년 길어진다는 것은 삶의 주기에 큰 변화가 생김을 의미합니다. 65세 은퇴를 가정하면, 은퇴 후 시간이 35년이나 됩니다. 안정적인 소득과 직업 없이 35년이라는 시간을 보내기는 쉽지 않습니다. 일을 놓고 나면 사람은 급속도로 늙게 되는데요, 건강문제도 더 커질 수밖에 없습니다. 따라서 현행 각종 사회시스템을 대대적으로 개편해야 하는 겁니다.

정부가 최근 '100세 시대 프로젝트' 정책개발에 나선 것도 100세 시대의 도래가 적잖은 변화를 요구한다는 것을 감지했기 때문입니다.

아직은 기초연구 단계로 그 파급효과를 살피고 정부정책을 돌아보며, 외국의 대응상황을 파악하는 정도에 머무는 수준이지요. 민간에서 가장 빠르게 움직이는 것은 금융권입니다. 민간 금융회사들은 '100세시대연구소', '은퇴설계연구소' 등을 설립하고 나섰습니다. 아무래도 노후준비 시장이 커질 테니까요.

국가발전과 자식교육에 평생 헌신하신 어르신들이 100세 시대를 맞아 좀더 풍요롭고 안락한 노후를 맞이해야 하는 것은 당연한 일이고, 이를 위해 힘쓰는 것은 국가의 의무라고 봅니다. 이와 관련하여 몇 가지 대안을 제시해보고자 합니다.

1. 노년층에 맞는 새로운 직종개발

제가 사는 전주시 완산구는 빈부격차가 심합니다. 특히 평화동은 기초생활수급자, 장애우, 새터민, 독거노인까지 경제적 · 사회적 약자가 많이 모여 사는 곳이지요. 저는 매주 한 번쯤은 힘겹게 살아가는 주민들의 사는 모습을 살피고 대안도 모색하고자 지역의 구석구석을 돌아보곤 합니다. 간혹 길거리에서 저를 알아보는 어르신들이 어려움을 호소하기도 합니다.

어르신들의 걱정은 단연 먹고사는 문제입니다. 모아둔 것은 없고 돈벌이는 마땅찮고, 자식들 살림도 넉넉지 않으니 도움을 기대할 수도 없다고들 하십니다. 게다가 몸이 늙어 여기저기 아픈 곳이 자꾸 생겨 괴롭지만, 큰돈이라도 들까봐 병원에 갈 엄두도 내지 못하십니다. 상황이 이러하니 수명연장이 고통의 연장일 수밖에 없습니다. 이게 우리 어르신들의 현실이고, 몇십 년 후 우리의 모습입니다.

어르신들을 직접 만나 노후정책 문제를 고민하는 저자

노년층의 빈곤문제를 해결하는 방법에는 '국민연금이나 노령연금 수급액 조절을 통해서 완화' 시키거나, '빈곤계층 복지 확대' 등의 방법도 있습니다만, 사회적인 부담이 커지기 때문에 한계가 있습니다. 그보다 좋은 것은 일자리를 제공하는 겁니다. 재정적인 부담도 적고, 어르신들도 떳떳할 수 있지요. 소일거리가 되니까 즐거움도 생기고요.

어르신들이 자주 하시는 말씀이 일하고 싶어도 일자리가 없다는 겁니다. 나이가 들어 은퇴를 했다고는 하지만, 평생 한 가지 직종에 종사하면서 쌓은 노하우가 적잖은데 한순간에 폐기해버리라는 것은 가혹한 일이며 사회적으로도 낭비입니다. 퇴직자의 능력을 다시 활용할 수 있도록, 연봉을 조정하는 한이 있더라도 재취업이 가능한 방안을 고려해봄직 합니다.

어르신들의 능력이나 특성에 부합하는 일감을 만들어드리는 것도 필요합니다. 어르신들은 근력을 사용하는 일은 어렵고, 민첩함을 요하는 일은 잘 하지 못하십니다. 하지만 꼼꼼함과 성실함을 필요로 하는 일은 아주 잘 하십니다.

제가 대표로 있는 민들레동산에서는 어르신들의 노동력을 활용합니다. 그 경험을 통해 어르신들의 노동력이 얼마나 훌륭한 것인지 잘 압니다. 민들레동산에서는 민들레를 재배하고 다듬어서 씻고 말리는 등 손이 많이 가는 일이 주가 됩니다. 작업 특성상 어르신들이 충분히 할 수 있는 일이었지요. 그래서 어르신들을 모셔다 일하시도록 하였습니다.

어르신들의 반응은 매우 좋습니다. 어찌나 열심히들 해주시는지, 마치 내 일처럼 해주십니다. 요즘 세상에 그렇게 열심히 일 해주는 노동자를 찾기란 쉽지 않습니다. 매우 감사한 일입니다만, 어르신들은 일자리가 있다는 데 대하여 오히려 제게 고마움을 표하십니다. 일이 있으니까 하루하루가 즐겁다는 말씀을 하십니다.

요즘은 시니어클럽 단위로 사업체를 운영하기도 하고, 아울러 일자리를 개발하는 예를 볼 수 있습니다. 그곳에 종사하는 어르신들의 반응도 좋습니다. 다만 지적하고 싶은 것은 어르신들의 일자리 개발이 이처럼 지엽적으로 진행돼서는 한계가 있다는 점입니다. 사회와 기업, 정부가 나서서 사회적 합의를 통해 어르신들의 일자리 확대를 위한 노력을 전개해야 합니다.

그렇게 하지 않으면 어르신들이 갖고 있는 능력을 최대한 활용하기 어렵습니다. 외국어 능력이 탁월하다면 민들레를 다듬는 것보다는 통역 관련된 일을 하시는 게 좋겠고, 은행에서 근무하던 분이라면 금융계 쪽에서 일을 계속하시는 편이 바람직할 테니까요. 새로운 직종의 개발이 필요한 까닭입니다.

또한 노년층이 근무할 수 있는 여건을 갖춘 사회적 기업을 육성한다든가, 기존 기업의 업무 프로세스 상에 노년층이 참여할 수 있는 단계를 만들어주는 것도 좋고요. 아울러 기존의 공공근로사업과 같이 취약계층을 위한 사회적 일자리 마련도 좋은 방법이지요. 시니어클럽 등을 활용하여 지역 특성에 맞는 틈새산업 육성도 바람직합니다.

청년층 실업문제가 지금으로서는 더 심각하게 보이겠지만, 100세 시대를 앞둔 지금 노년층을 염두에 둔 새로운 일자리 창출 또한 장기적인 과제로서 접근해야 할 문제입니다. 정부와 지방자치단체, 기업이 머리를 맞대야 할 때입니다.

2. 건강한 노후를 위한 건강한 습관

중장년층 사이에서는 9988234라는 말이 유행이라고 합니다. 99세까지 88하게 살고 2, 3, 4일 앓다 죽는 것을 말합니다. 핵심은 88하게 산다는 것이지요. 그렇습니다. 아무리 100세까지 산다 한들 건강하지 못하다면 고통스러움의 연속일 뿐이니까요.

영양섭취

나이를 먹으면 신체상에 많은 변화가 나타납니다. 신체 기관의 기능이 퇴화하고 약화되지요. 특히 소화기 계통에서의 변화는 건강에 가장 큰 영향을 미치는 영양섭취 여건의 변화를 초래합니다.

이가 상하거나 빠져서 음식을 씹기 어려워지고, 위와 장의 운동이 약해지며, 음식물을 분해해주는 소화액 분비도 감소됩니다. 따라서 소화력이 예전보다 많이 떨어지는 것이지요. 또 대장의 작용이 원활하지 못하니 배변에 문제가 생기기 쉽고, 이 또한 영양 섭취에 영향을 줍니다.

경제적인 어려움으로 균형 잃은 식사를 하는 분들도 문제가 되겠고요. 또 각종 만성적인 질병과 상시 복용하는 약들 또한 영양소 흡수를 방해하는 경우가 많습니다.

어디가 안 좋으면 먼저 약을 찾기 마련입니다. 하지만 자동차에 연료가 부족하면 아무리 좋은 엔진오일을 넣어도 달리지 못하듯, 영양섭취가 부족한 상태에서는 건강을 기대하기 어렵습니다.

식품의약품안전청이 조사한 바에 따르면 어르신들의 영양불균형 문제가 심각하다고 합니다. 이를 해결하기 위하여 식약청은 여러 가지 음식을 골고루 먹고, 짠 음식은 피하고 싱겁게 먹으며, 규칙적인 식사를 하고, 물은 많이(8컵 이상), 술은 적게(1잔 이하) 먹도록 권하고 있습니다.

TV를 통해 소식(小食)이 장수비결로 자주 언급되고 있긴 합니다만, 그다지 권장할 만한 것은 아닌 모양입니다. 최근의 연구결과에 따르면

꽃밭정이 노인복지관에 사랑의 쌀을 전달하는 저자

체중부족보다는 체중이 약간 과다할 때 질병발생률이나 사망률이 낮았다고 합니다.*25

운동

적절한 운동은 어르신들의 각종 만성 퇴행성 질환과 신체기능 저하에 도움이 됩니다. 노화는 최대 산소 섭취량, 지구력, 골격근의 양과 근력의 감소, 유연성과 민첩성, 속도 및 균형성 저하를 유발합니다.

최대 산소 섭취량 감소는 호흡 순환 기능 저하로 이어지고 성인병의 원인이 되지요. 하지만 어르신들도 지구력 운동을 통하여 젊은이 수준으로 회복시킬 수 있습니다. 또 낙상의 원인이 되는 균형성 저하 역시 스트레칭이나 저강도 지구력 운동을 통해 유의하게 향상될 수 있습니다. 만성 퇴행성 질환 역시 운동부족에 의하여 근육이 위축되어 나타나는 것이므로 운동으로 완화할 수 있는 것이고요.

어르신들은 골격구조가 약화되어 관절의 운동범위가 좁고, 근력도 저하되어 있으므로 운동을 시작하기 전에 반드시 스트레칭 등의 준비운동을 하는 것이 좋습니다. 그리고 본 운동으로는 빨리 걷기와 조깅, 수영 등이 적당합니다.

100세 시대를 맞아 어르신들의 건강관리를 체계적으로 할 수 있는 프로그램이 개발되고 운영되어야 할 것으로 보입니다. 특히 독거노인의 경우 균형 잡힌 식사를 할 수 있도록 배려해야 합니다.

또 운동공간을 확대하여 어르신들이 가까운 곳에서 손쉽게 운동할 수 있는 여건을 갖춰야 합니다. 평소 건강상태를 체크해드리는 것이

*25
박상철, ≪우리몸의 노화≫, 서울대학교출판부 참조.

장기적으로 의료보험 재정 개선에도 도움이 될 것입니다.

3. 여가시간을 알차고 활기차게

신체적 변화 못지않게 노화를 촉진하는 원인은 사회심리적인 요인입니다. 특히 은퇴 후 경제적인 능력이 약화되고 사회적인 지위에 변화가 생기면 자연히 위축될 수밖에 없습니다. 혼자 있게 되면 비관적이 되거나 우울증을 겪을 수도 있습니다. 밖으로 나가 사람들과 관계를 형성하면서, 활기차게 지낼 수 있도록 노력해야 합니다.

100세 시대를 맞아 은퇴 후 긴 시간을 알차게 보내기 위해서는 새로운 취미를 가져보는 것도 좋겠습니다. 취미가 같은 사람들끼리 자연스럽게 어울리고 교분을 나눌 수 있어 덜 외롭겠지요. 건강만 뒷받침된다면 새로운 일에 도전해보는 것도 좋습니다. 사업도 좋겠고, 자격증 시험을 준비하는 것도 해볼 만하겠네요.

이와 관련해서는 정부나 지방자치단체 차원에서 많은 프로그램을 개발할 필요가 있습니다.

어르신들은 평생을 바쳐 이 나라를 일군 주인공입니다. 그 이유만으로도 존경받을 권리가 있습니다. 국가는 어르신들을 위하여 복지혜택을 제공할 의무가 있습니다. 기쁘게 맞아야 할 100세 시대가 세대간 갈등과 반목을 초래하는 일이 되어서는 안 됩니다. 또 오래 산다는 것이 고통스러운 시간의 연장이 되어서도 안 되겠지요.

이 모든 문제는 미리미리 대비하고 충실히 준비할 때 방지될 수 있습니다. 모쪼록 관련 부처와 당사자들이 머리를 맞대고 차분히 대비함으로써 100세 시대를 삶의 질 도약의 계기로 만들어봅시다.

노화를 늦추는 묘약

1. 운동

운동은 혈압을 낮추고 뼈를 튼튼히 하며 콜레스테롤 수치를 낮춰준다. 약간의 운동만으로도 에너지와 힘이 증가하는 것을 느낄 수 있다.

2. 건강한 다이어트

비만인 사람의 경우 체중의 5~10%만 줄여도 심장병, 당뇨, 암 발생의 위험을 낮출 수 있다.

3. 정기적인 진단

정기적으로 병원을 찾아가 진단을 받게 되면 병의 징조를 일찍 발견하는데 아무래도 유리하다.

4. 두뇌 운동

독서나 강의를 듣는 것, 새로운 기술을 습득하는 것, 자극적인 대화를 나누는 것 등의 도전이 뇌에 도움이 된다. 나이에 관계없이 뇌세포를 증가시킬 수 있다.

5. 사회적 관계

사회적 관계는 노화로 인한 변화의 시기에 더욱 중요하다. 친구, 친지, 종교단체, 반려동물과의 관계는 건강해지고자 하는 동기가 되어준다. 또 사회적 관계는 스트레스와 분노를 감소시키고, 지적 퇴행에도 도움이 되며, 목적의식을 부여한다.

6. 낙천적 태도

낙관론자는 나쁜 일에서도 긍정적인 면을 찾아내어 은혜롭게 여긴다.

(출처: http://www.mayoclinic.org)

여성이 행복해야 선진사회이다

결코 넘어지지 않는 것이 아니라 넘어질 때마다 일어서는 것, 거기에 삶의 가장 큰 영광이 존재한다.
–넬슨 만델라(Nelson Mandela)

요즘 제 삶의 으뜸가는 활력소라면 단연 쌍둥이 녀석들일 겁니다. 혈연으로 이어진 자식은 아니지만, 쌍둥이 지수, 지현은 '사랑이 피보다 진하다'는 것을 알게 해준 고마운 딸들입니다. 제가 바쁘게 살다보니 늦은 밤 귀가 후에 늘 잠자는 모습밖에 볼 수 없지만, 하루의 시작만큼은 교회에서의 새벽예배로 함께합니다.

아침에 졸린 눈을 부비고 일어나 서둘러 고회에 갈 채비를 하고 함께 나서는 모습을 보면 처음에 만났을 때의 가녀리고 정신적으로 불안해하던 모습이 떠오르곤 합니다. 몇 년 사이에 정신적으로나 육체적으로 건강해져 다행스럽고 고맙습니다. 이제 투정도 부리고 애교도 부리는 것이 영락없는 제 딸들입니다.

딸들이 하루가 다르게 커가는 모습을 보면서 앞으로 애들이 만나야 할 세상을 생각해보는 일이 잦아졌습니다. 우리 사회에서 여성의 삶이 쉬운 일이 아님을 알기에, 어린 딸들이 어려움을 잘 헤쳐 나갈 수 있는 지혜와 용기를 기도하곤 합니다.

제가 가장 걱정하는 것은 여성이기에 겪을지도 모를 직장 내 차별과 가정에서의 가사 및 육아 부담입니다. 두 가지로 말했지만, 서로 원인이기도 하고 결과이기도 하니 사실상 하나인 셈입니다.

직장에서 여성이 겪는 차별을 흔히 '유리천장(glass ceiling)'이라는 말로 표현합니다. 유능함에도 불구하고 성차별적인 요인에 의하여 직장 내에서 승진이나 급여의 불이익을 받는 경우를 일컫는 말입니다. 제가 근무하던 은행에도 유리천장이 있었습니다. 지금은 여성 부행장도 있습니다만, 능력이 있어도 승진하지 못하고 탈락하는 여성 행원이 적지 않았습니다. 한 조사에 따르면 실제로 국내 기업에서의 여성임원 비율은 10퍼센트도 안 된다고 합니다.

육아와 가사 분담은 부부간 불화를 일으키는 주범이기도 하지요. 전업주부라면 여성 쪽이 좀 더 많은 부담을 지는 것이 역할분담이라는 관점에서 옳을 겁니다. 문제는 맞벌이 부부이지요. 맞벌이를 하면 부부가 평등하게 가사와 육아 부담을 나눠 갖는 것이 합당합니다. 하지만 맞벌이 부부의 경우에도 여성이 더 많은 역할을 하는 것이 현실이지요. 아이가 엄마를 더 따르기 때문에 불가피한 부분도 있는 것 같습니다만, 여성의 부담이 너무 커지는 것은 어쩔 수가 없습니다.

육아에 대한 부담은 다만 가정 내에서의 불평등을 넘어서 여성의 직장 생활에도 영향을 줍니다. 육아 문제로 인하여 야근이 불편할 때가 많고, 소위 네트워크를 구축하기 위한 술자리에 끼기도 어려울 때가 많습니다. 네트워크를 중시하는 회사들은 여성의 그러한 모습을 좋아하지 않습니다. 잘못된 남성위주의 직장문화라는 비판도 일리가 있습니다만, 아직은 그것이 현실입니다.

그렇다보니 직장 여성은 출산을 기피하게 되고, 반대로 회사 입장에서는 여성 인력을 기피합니다. 결과적으로 육아 부담은 직장 내에서 여성의 입지를 축소시키는 원인이 됩니다. 부당하게 저평가받는 것도 서러운데, 이를 극복하려고 애쓰다보면 출산이 또 늦어지는 악순환이 반복되는 것입니다. 직장여성에게 수퍼우먼을 강요한다는 말이 괜히 나오는 게 아닙니다.

우리 사회의 저출산 문제를 곰곰이 생각해보면 참담하기까지 합니다. 많은 여성이 육아 부담 때문에 아기를 낳지 않는다고 하는데요. 여성에게 출산은 고유한 역할이고, 여성의 생리에도 순(順)하는 것입니다. 그럼에도 경제적인 어려움, 사회구조적인 모순 등으로 인하여 임신과 출산이라는 정상적인 생리활동을 포기한다는 것은 우리 사회가 정상이 아님을 방증하는 것에 다름 아닙니다.

남성은 남성의 결대로, 여성은 여성의 결대로 살아가는 것이 자연스러운 과정으로 수용될 수 있는 사회가 정상적인 것 아니겠습니까? 하지만 우리 사회는 여성이 여성으로서의 삶을 살아가려는 것을 억압하고 있는 셈입니다.

조금씩 변화의 조짐이 보이기는 합니다. 직장 내, 가정 내 남녀 불평등이 해소돼야 한다는 공감대가 확산되면서 사람들의 의식이 서서히 변하고 있고, 육아를 사회적으로 책임져야 한다는 인식도 확산되고 있습니다. 여성의 사회 진출을 돕는 제도적 장치도 하나둘 마련되고 있습니다.

여성의 사회 진출을 가로막는 장벽이 완화되면 여성의 삶이 정상화되는 데 보탬이 되겠지요. 가정생활과 사회생활을 온전히 하면서도,

엄마로서의 역할을 두려워하지 않는 환경이 되어야 합니다.

우리 사회의 선진화는 멀리 있지 않습니다. 여성이 여성으로서의 삶을 온전하게 살아갈 수 있도록 사회가 합리성을 획득하는 것이 바로 선진화입니다.

저는 남성이라는 이유로 가정에서나 직장에서 알게 모르게 많은 혜택을 받아왔음을 인정합니다. 앞으로는 그런 '혜택'을 여성에게 돌려드리기 위해 노력해야겠다는 생각이 문득 드는군요. 그것이 지수, 지현을 위한 것이기도 하니까요.

이 땅의 여성이 인간답고 여성답게 살 수 있는 나라를 향해 우리 함께 고고씽!

가족해체 시대에 가족을 생각하다

결혼의 가치는 성인이 아이를 낳는 데 있는 것이 아니라 아이가 부모를 성인으로 만들어주는 데 있다.
–피터 드 브리스(Peter De Vries)

최근 우리나라 인구구조의 특징적인 변화는 고령화와 저출산으로 요약됩니다. 요즘 젊은 세대는 결혼을 미루는 경향이 있습니다. 지난해 초혼 연령이 남자가 32세, 여자가 29세를 기록했는데, 10년 전에 비하여 2.5세가량 늦어진 것입니다.

결혼이 늦어지면 가임 기간이 짧아집니다. 가임 기간의 단축은 저출산으로 이어지지요. 실제로 지난해 초산 연령이 처음으로 평균 30세를 돌파했다고 합니다. 인구의 고령화와 저출산은 주로 사회의 노화라는 측면에서 문제시 되고 있습니다. 고령화와 저출산이 겹치면, 생산에 종사할 인구는 줄어들고 그들이 부양해야 할 의무는 커지게 되어 사회의 발전 동력이 감퇴되는 결과를 초래하는 것이 사실입니다.

사회의 노화도 심각한 문제입니다만, 제가 더 우려하는 것은 고령화, 저출산이 가족의 해체로 이어지지 않을까 하는 점입니다. 가족의 해체란 가족의 조화와 통일이 어떤 이유로 인하여 파괴되고, 더 이상 가족으로서의 대사회적 기능을 수행하지 못하는 상황을 일컫습니다. 쉽게 생각할 수 있는 것으로 이혼, 사별 등이 있겠습니다. 가족이라는 것이 사회의 기본 단위임을 생각할 때, 가족의 해체는 사회의 근간을 흔드는 중차대한 사안입니다.

인구구조의 변화는 먼저 가족형태의 변화로 나타나고 있습니다. '2010 인구주택총조사' 에 따르면 2010년 11월 기준으로 2인 가구 비율이 24%로 가장 많았습니다. 2005년까지만 해도 4인 가구가 가장 많았던 것을 생각하면 불과 5년 만에 2인 가구가 대세가 된 것입니다.

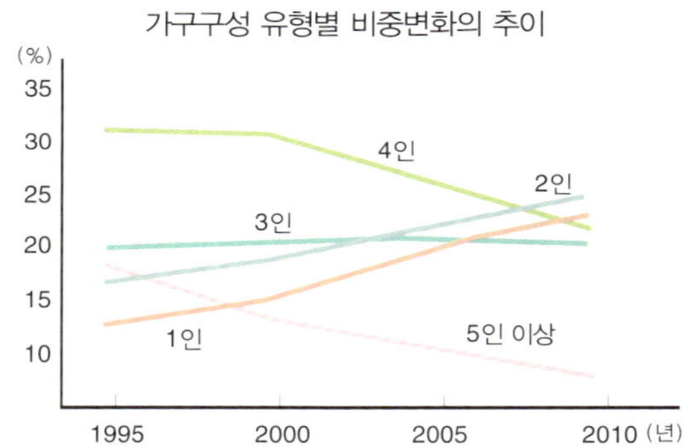

더 놀라운 것은 4인 가구보다도 1인 가구가 더 많아졌다는 점입니다. 2005년에 '4인 가구>2인 가구>3인 가구>1인 가구' 였던 것이 2010년에 '2인 가구>1인 가구>4인 가구>3인 가구' 로 바뀐 것입니다.

전문가들은 2인 가구의 증가 원인으로 자녀수 감소로 인해 자녀 출가 후 부부만 남는 경우가 많다는 것, 결혼 후에도 자녀를 낳지 않는 부부 증가, 편부모와 자녀로 구성된 가족의 증가 등을 이유로 꼽고 있습니다.

또 1인 가구의 증가는 대해서는 이혼 증가와 만혼(晩婚) 추세, 독거노인의 증가 등으로 설명합니다. 특히 독거노인 가구는 5년 사이에 45퍼센트 증가하여, 1인 가구에서 차지하는 비율이 20퍼센트에 육박하는 것으로 나타났습니다.

통계자료를 쭉 열거하다보니 다소 어지럽지요? 그래도 수치들을 보니 감이 확 오리라 생각합니다. 요즘의 추세를 정리해보면 다음과 같습니다. 첫째, 결혼을 늦게 합니다. 둘째, 결혼 후에는 자녀를 잘 낳지 않습니다. 셋째, 결혼을 하더라도 이혼율이 높습니다. 넷째, 결혼한 자녀와 부모가 함께 사는 경우는 적습니다. 다섯째, 이혼한 부부는 각각 1인 가구를 이룹니다.

어떻습니까? 우리 사회는 이러한 방향으로 진행하고 있습니다. 우리가 익숙했던 대가족이 핵가족으로 쪼개진 것도 모자라, 이제는 1인 가구 시대를 향하여 가고 있는 것입니다.

가족은 사회성원을 재생산하는 단위이며, 기초적인 사회화가 이루어지는 장소입니다. 사람의 일생을 결정하는 정서와 행동양식의 토대가 가족이라는 테두리에서 갖춰집니다. 태어나서 가장 먼저 경험하는 사랑이 바로 가족 간의 사랑이지요. 또 전통적인 가치관이 전승되어 민족 내지는 한국인으로서의 정체성이 형성되는 곳 또한 가족입니다.

가족이 해체되어 제 기능을 하지 못하면 인구가 감소하여 국가 경쟁력이 약화되고, 기초 사회화의 기회가 적어지므로 사회 적응에 어려움을 겪는 이들도 많아질 수 있습니다. 또한 전통적인 가치관과 풍습이 단절될 우려가 커지고, 가족 간의 사랑을 경험할 기회가 적어진다는 것도 문제입니다.

인구가 감소하면 국가경쟁력이 약화된다는 것은 굳이 부가적인 설명이 필요해보이지 않습니다. 고령화로 부양받아야 할 인구는 늘어나고, 이들을 부양해야 할 젊은이는 적어지므로 당연히 재정적인 부담이 커집니다. 또 신규노동력 투입이 더뎌지므로 노동인구 연령이 높아진다는 것도 부담입니다.

한편 아기가 태어나면 가장 먼저 부모와 형제를 만나게 됩니다. 처음부터 냉혹한 사회 속으로 던져지는 것이 아니지요. 정서가 중심이 되는 관계를 충분히 경험한 뒤에 나이가 들어 사회로 나아갑니다. 가족관계를 거치지 않고 바로 사회로 나아가면 그만큼 충격이 클 것입니다.

오해를 피하고자 한 가지 말씀드리자면, 한부모 가족을 결손가족으로 규정하거나 문제가 있다고 생각하는 것은 아닙니다. 한부모 가족은 어려움이 있더라도 극복해나갈 여지가 충분하니까요.

하지만 가족이 해체되면 전통적인 가치관의 계승이나 풍습의 전승은 장담하기가 어려워집니다. 만혼의 여파만으로도 전통적인 가치관의 단절은 충분히 예상할 수 있습니다. 이미 핵가족화를 겪으면서 경험한 바입니다만, 앞으로는 그보다 현저한 변화가 있을 것으로 보입니다.

대가족에서 핵가족으로 바뀌고 있지만 우리는 1년에 한두 번 맞이하는 명절 때 모여서 일시적으로 대가족을 회복하곤 했습니다. 3대 이상이 모인 자리에서 손자들은 부모들도 부모가 있음을 알게 되고, 할아버지, 할머니로부터 내려오는 연속성 속에서 자신을 위치시킬 수 있습니다. 그리고 손자들은 할아버지, 할머니로부터 훈육을 받아 전통적인 가치를 익힐 수 있었습니다. 아울러 할아버지, 할머니를 보면서 가족의 핵심이라고도 할 수 있는 희생과 헌신을 더욱 체감할 수도 있게 되지요.

하지만 출산연령이 늦어지면 할아버지, 할머니를 접하지 못하는 세대가 많아질 수밖에 없습니다. 35세에 초산한 여성이 (그 자녀도 엄마와 비슷한 연령에 2세를 본다고 가정하면) 손자를 보게 될 나이는 70세입니다. 이런저런 사정으로 몇 년씩 더 늦어진다면, 손자는 할아버지, 할머니라는 존재를 사진이나 책 속에서나 만나게 될 겁니다.

손자들이 할아버지, 할머니의 사랑을 경험하기 힘들어진다는 것은 안타까운 일입니다. 부모의 사랑과는 또 다른 것이 할아버지, 할머니의 사랑이며, 고모, 이모, 삼촌의 사랑이 아니겠습니까. 여럿으로부터 사랑을 풍부하게 받고 자랄수록 정서적으로 풍요롭고, 다른 사람과 사랑을 주고받기가 수월할 겁니다. 그렇지 않아도 사랑이 메말라가는 시대입니다. 가족 안에서부터 사랑을 느낄 기회가 줄어든다는 것은 결코 바람직하지 않습니다.

가족이 우리 사회의 근간이라는 점을 감안할 때, 최근의 급격한 가족구성의 변화는 주목할 필요가 있습니다. 일단 가족구성 변화로 인한 폐단을 해결하는 것이 급선무입니다.

우선 1인 가족과 2인 가족의 증가가 야기할 문제를 사회복지 차원에서 접근해야 합니다. 1인 가족 중 20퍼센트가 독거노인이라면 생계 및 생활의 불편이나 건강을 사회가 나서서 챙겨드려야 합니다. 또 2인 가족의 경우, 한가족 부모와 자녀의 구성이라면 생계에 어려움이 없는지 살펴보아야 합니다.

그 다음으로는 만혼과 저출산 문제를 해결해야 합니다. 결혼이 늦어지고 아기를 낳지 않는 가장 큰 이유는 아마도 경제적인 문제 때문일 겁니다. 임대료가 급상승하니 신혼집 마련이 쉽지 않고, 맞벌이해야 하는 상황이라면 직장 다니면서 자녀 키우기가 쉽지 않기 때문에 선뜻 결혼과 출산을 결정하지 못하는 것이지요.

최근 국정감사에서 보건복지부가 내놓은 자료를 보면, 보건복지부가 저출산 문제 해결을 위해 하고 있는 사업이란 주로 '국민인식개선'을 위한 일회성 이벤트들이었습니다. 가족친화적 직장환경 조성을 위한 최고경영자 및 인사담당자 간담회, 남편의 가사 및 육아 참여 확대를 위한 캠페인, 인구의 날 기념식, 아이 낳기 좋은 세상 운동경진대회 등 캠페인 및 홍보 위주의 일회성 사업이 대부분이었습니다. 여기에 투입된 예산이 56억 원(2011년)이나 됩니다.

반면에 국공립어린이집 신설 예산은 20억에 불과했습니다. 2008년 99억 원에서 80퍼센트나 감소한 금액입니다. 정부는 아직도 왜 사람들이 결혼을 못하는지, 왜 아기를 못 낳는지 제대로 모르는 모양입니다. 답답한 일입니다.

수신제가치국평천하(修身齊家治國平天下)라고 했습니다. 심신을 닦고 집안을 가지런히 한 뒤에야 세상을 다스릴 수 있다는 거지요. 이를 뒤집어 해석하면, 국가의 안정과 평화는 가정에서 시작된다는 의미가 아니겠습니까. 가족은 우리 사회의 근간입니다. 가족이 흔들리면 사회도 휘청거립니다. 큰 걱정 없이 결혼할 수 있고, 안심하고 아기를 낳을 수 있는 나라를 만들기 위하여 힘써야 할 때입니다.

입양은 또 다른 가족을 만듭니다

행복의 원칙은 첫째 어떤 일을 할 것, 둘째 어떤 사람을 사랑할 것, 셋째 어떤 일에 희망을 가질 것이다.

– 임마누엘 칸트(Immanuel Kant)

"우리 아이, 천국에 있는 딸을 많이 닮았지요?"

"이 아이를 훌륭히 키워 사회에 큰 역할을 하도록 하겠습니다."

반도로타리 봉사단체에서 함께 활동하면서 알게 된 박상준 회장 부부가 입양한 아이의 첫돌에서 많은 축하객들의 심금을 울린 감사 인사의 한 구절입니다. 박 회장 부부에게 또 다른 사랑의 결실이 찾아 온 것에 나 역시 입양가족의 한 사람으로서 남다른 감회를 느끼게 되었습니다.

수년 전의 일이었습니다. 성품이 온화하면서도 말보다는 행동으로 실천하며 매사에 솔선수범하는 박상준 회장은 회원들 간에도 신망이 두터웠습니다. 그래서 자연스럽게 반도로타리클럽 회장으로 추대하기로 하였지요. 그런데 갑작스럽게 연락이 두절되었습니다. 수소문 끝에 알게 된 것은 공부도 잘하고 효심도 깊어 부모님 사랑을 독차지하던 20대 딸이 미국 유학중에 갑자기 교통사고로 세상을 떠나게 되었다는 것이었습니다.

박 회장 부부는 주위에 일체 알리지도 않고 핸드폰도 꺼놓은 상태였습니다. 로타리 주회 때마다 이럴 때 우리가 어떻게 해야 하는 것이 박 회장에게 힘과 위로가 될지 협의해도 뾰족한 방안은 없었습니다.

무려 1년 6개월 동안 연락 두절 상태가 지속되던 어느 토요일 오전, 박 회장의 슬픔을 생각하며 무심코 전화를 걸었습니다. 신호가 울리더니 전화를 받는 박 회장에게 반가움에 앞서 무슨 말로 위로를 해야 할지 망설였습니다. 나도 모르게 어디인지를 물어보았고, 무조건 한 번 만나서 이야기를 하자고, 시간을 내어달라고 했습니다.

지성이면 감천이라고 하더니 1년 6개월 동안 수소문 끝에 연락이 닿아 기쁘면서도 한편으론 만났을 때 어떻게 위로를 해야 할지 막막해졌습니다.

우리 부부는 박 회장 부부가 어떠한 모습으로 나타날지 그리고 어떤 말을 꺼내야 할지 조심스럽게 눈치를 보며 함께 자리를 하였습니다. 이런저런 얘기를 나누던 중 박 회장이 불쑥 이런 말을 던졌습니다.

"입양한 쌍둥이 아이들 잘 있지요?"

사실 우리 쌍둥이 입양은 특별한 사연이 있었습니다. 기업은행 본부장 시절이었던 2006년, "어, 저 남자아이 계속 방송에 나오더니 아직 입양이 안 됐나 보네……, 여보, 우리가 키울까?" TV를 보던 아내가 불쑥 입양 얘기를 꺼냈습니다. 사회복지학과 신학을 공부해 평소에도 입양에 관심이 많은 사람이었지만 그날은 여느 때와 달리 표정이 매우 진지했습니다.

순간 내 머리를 스치는 말이 있었습니다.

"인간이 할 수 있는 최고로 고귀한 사랑의 실천은 입양입니다." 과연 내가 할 수 있을까 하는 생각에 "좀 더 생각해 보자."며 얼버무렸지만 아내는 방송에 나온 홀트아동복지회에 전화해 그 아이에 대해 상담까지 하고 나섰습니다.

결국 며칠 후 함께 입양기관에 가서 상담을 하기로 했습니다. 그런데 퇴근 후 집에 오니 아내가 기운이 없어 보였습니다. 그 남자아이가 이미 며칠 전 다른 사람에게 입양됐다는 것이었습니다. 저는 아내를 위로하며 "그럼 다른 아이를 상담하면 되지. 뭐가 걱정이야?" 하고 말했습니다.

그러자 아내는 곧바로 "이왕이면 좋은 일 두 배로 하라며 쌍둥이 입양을 권하던데 어떻게 생각해요?"라고 묻더군요. 저는 생각지도 않은 말에 당황했습니다.

결국 아내와 함께 상담 약속을 잡고 영아원에 갔는데, 원장님이 갑자기 "얘들아, 너희 엄마 아빠 오셨다."고 하는 게 아니겠습니까. 아이들은 고사리 같은 손으로 제 양손을 꼭 잡고 놓지 않았습니다. 저는 한참 말없이 아이들의 눈을 보다가 "너희들 우리 집에 갈래?" 하고 물었습니다. 쌍둥이는 기다렸다는 듯 너무도 또박또박하게 외쳤습니다.

"엄마 아빠 만났으니 갈래요!"

쌍둥이와의 생활은 생각했던 것과는 큰 차이가 있었습니다. 큰애는 머리가 희끗희끗하고 어린 손이 딱딱하리만큼 어른 손 같았고 오줌을 가리지 못하였습니다. 동생은 분리불안증으로 사람과 떨어지면 울기 시작했는데, 쌍둥이가 합세하여 울다보면 달랠 길이 없어 함께 울어야 했던 일이 다반사였습니다.

전문의에게 상담해 보니 신경정신과 치료를 병행하면서 신경안정제를 지속적으로 복용해야 한다고 했습니다. 언제까지 약을 먹여야 하느

냐고 물었더니 "나을 때까지"라고 답하더군요. 답답한 노릇이었습니다.

어린 쌍둥이 자매에게 도저히 약을 못 먹이겠다는 아내의 괴로움을 옆에서 지켜보는 내 마음 역시 편안하지는 않았습니다.

답답한 마음에 우리 부부는 새벽마다 아파트 내에 있는 교회에서 예배를 드리며 "이 아이들을 어떻게 해야 합니까" 하고 눈물로 기도를 하다가 결단을 내리게 되었습니다. 밤 11시에 큰아이 오줌을 누이고 새벽 4시에 쌍둥이를 깨워 예배드리고 운동장을 함께 달리며 운동을 하면서 생활을 바꾸게 되었습니다. 아이들이 새로운 환경에 적응하며 엄마와 함께 있는 시간을 좋아하면서 점차 안정을 찾아가기 시작하였습니다.

이 사랑스런 두 아이를 온전히 제 딸들로 맞아들이는 일은 생각보다 더 어려웠습니다. 혈연 중심의 우리 사회에서 '입양가정'은 아직도 주변의 따가운 시선을 받고 있고, 막상 입양을 결정해도 법적 절차가 복잡해 시간도 꽤 지연되었습니다. 결국 쌍둥이는 우리 집에 온 지 6개월이 지나서야 판결을 받아 내 호적에 오를 수 있었습니다.

하지만 이번엔 개명이 문제였습니다. 아이들을 곧 학교에 보내야 하는데 성이 달랐기 때문입니다. 동사무소와 구청에 등재하고 큰딸의 돌림자를 따 다시 법원에서 개명 절차를 밟는 데 또 4개월이 걸렸습니다. 완전히 내 호적에 올리는 데 10개월이 걸린 셈이죠. 입양을 악용하는 경우도 있어 제도 개편은 신중해야 하겠지만, 이제는 공개입양이 활성화되도록 법적 · 제도적 장치가 보완됐으면 합니다.

그렇게 내 딸들이 된 쌍둥이들이 무엇보다 믿음이 자라고 꿈을 갖게 된 것이 기쁘고 감사합니다. 커서 무엇이 되고 싶으냐고 물어보면 큰아이는 '훌륭한 목사님', 작은아이는 '훌륭한 의사'라고 말합니다.

정말 대견스럽기만 합니다.

쌍둥이 입양을 통해 사랑을 실천한 저자의 가정

이렇듯 쌍둥이는 우리 가정에 활력을 주는 귀한 생명입니다. 저는 '항상 기뻐하라 쉬지 말고 기도하라 범사에 감사하라'는 말씀처럼 믿음의 사람으로 성장할 수 있도록 가르치고 있습니다.

저는 힘들고 어려웠던 지난 6년을 뒤로하고 이제는 쌍둥이가 우리 삶의 큰 의미가 되었다는 내용 등을 박 회장 부부에게 자세히 설명하였습니다. 그리고는 입양에 대하여 상담하며 주화제가 입양에 대한 서로간의 정보를 공유하는 시간이 되었습니다. 무려 5시간이 넘는 대화를 마친 후 제 아내와 박 회장 부인은 입양에 대한 구체적인 방법 등을 수시로 대화하고 입양기관에 대해 알아보면서 박 회장의 입양이 구체화되기 시작하였습니다.

그러던 어느 날 서울에서 반가운 초청장이 전해졌습니다. 박 회장이 아이 돌에 초대하겠다'는 내용이었습니다. 그동안 자신을 염려해 주고 연락을 하여도 묵묵부답으로 지내왔던 자신의 삶에 큰 용기를 주어 또 다른 사랑의 실천을 할 수 있게 해준 것에 대해 고맙다는 인사도 빠뜨리지 않았습니다.

그 뒤 박 회장 부부는 그렇게 힘들어 하던 근심어린 모습은 사라지고 아이를 대하면서 세상 그 누구보다도 행복한 사람으로 바뀌었습니다. 외출을 할 때면 유모차에 아이를 데리고 다니면서 새로운 인생을 살고 있는 것입니다.

"우리 이 아이가 하늘나라에 간 딸과 똑같이 닮았지요?" 하며 밝고 행복해 하는 박 회장 모습을 보면서 입양을 통해 새로운 가족을 얻게 된 것은 물론 사랑과 나눔을 실천하는 모습에 큰 박수를 보내주었습니다.

박 회장은 입양을 통한 사랑과 나눔을 시작하면서 나누는 것은 결코 작아지는 것이 아니라 함께 커져 나가는 것을 알게 되었다고 합니다. 평소 친분이 두터운 지인이 박 회장 부부와 입양아이의 행복한 가정생활을 보고 새롭게 입양가족이 되었다는 사실을 귀띔해주었기 때문이지요. 저는 박 회장 부부와 그 지인이 입양가족이 되는 과정을 지켜보면서 하나가 둘이 되고, 둘이 셋, 넷이 되며, 그 셋, 넷이 열 또는 수백, 수천의 값진 결실을 낳게 된다는 확신을 갖게 되었습니다. 그런데 신기한 것은 우리가 입양을 통해 나누는 사랑은 조금도 줄어들지 않는다는 사실입니다. 오히려 나눌수록 더욱 커지고 더욱 자라나게 됩니다.

안타까운 현실이지만, 대한민국은 '해외 입양 세계 4위' 국가입니다. 2007년부터 해외 입양 쿼터제를 도입해, 한 해 10퍼센트씩 줄여 나가는 노력을 하고 있지만 대한민국이 경제대국인 것을 감안한다면 정말 부끄러운 수치입니다. 현재 우리나라는 입양기관 입양대기자 수가 1만9000여 명이고, 위탁가정 입양대기자 수가 1만6000여 명에 이르며, 한 해 평균 해외 입양자 수가 1000여 명에 달하고 있습니다.

대다수 입양부모가 입양사실을 숨기거나 아무도 입양을 알아채지 못하는 지역으로 이사 가는 방법을 택하고 있는 실정에 비추어 볼 때 사회문화적으로 오래 내려온 입양에 대한 편견이나 오해를 없애는 일이 결코 쉬운 일은 아닙니다. 또한 대한민국의 어두운 단면을 보여주는 '아동수출국' 이라는 불명예를 씻어내야 합니다.

그러기 위해서는 입양에 대한 사람들의 사고를 바로 잡기 위하여 성인들을 대상으로 하는 교육은 물론 초중고등학생들의 교과과정에 입양에 대한 교육 내용을 삽입하는 것을 적극 검토해야 할 것입니다. 그래서 국내 입양이 해외 입양보다 편리하게 진행될 수 있도록 배려해야 합니다. 저 역시 아내와 함께 한국입양홍보회로부터 의미 있는 입양홍보대사로 위촉되어 건강한 입양인식과 바람직한 입양문화 형성에 최선을 다할 것입니다

Part 4

민들레 목민심서

정치 위기, 초심이 답이다

기금운용본부, 전북 이전이 핵심이다

진정한 친서민 정책을 보여주세요

전주한옥마을 2퍼센트 부족한 원가를 채워라

주민의 삶을 배려하는 개발이 아쉽다

전주교도소 이전 대안을 탐구하다

금융권 수수료 문제, 상생의 지혜로 극복하자

저축은행 사태는 한국 금융의 사망선고

나이를 먹으면서 상생의 가치만큼 소중한 것도 없다는 생각을 하곤 합니다.
타인이 없이 내가 있을 수 없습니다.
상생의 가치는 모든 갈등을 해결하는 만능열쇠입니다.

정치 위기, 초심이 답이다

의사소통에서 가장 중요한 것은 말하지 않는 것을 듣는 것이다.
– 피터 드러커(Peter F. Drucker)

무차별적 무상급식안에 대한 거부에서 발단된 오세훈 전 서울시장의 모험은 주민투표와 시장직 사퇴, 그리고 서울시장 보궐선거르 이어졌습니다. 결국 박원순 새 서울시장의 탄생으로 일단락되었지만 그 과정에서 드러난 기성정치에 대한 국민들의 깊은 불신은 충격파르 남아 정가에 큰 파장을 불러일으키고 있습니다.

여당은 패배의 책임을 둘러싸고 내홍의 조짐을 보이고 있고, 기득권을 포기하면서 야권 대통합에 앞장선 민주당은 그 고귀한 희생에도 불구하고 민주당 후보를 내지 못한 데 대하여 내부에서 비판의 목소리가 나오고 있습니다. 기성정치에 대하여 국민이 불신을 품는다면, 여야를 막론하고 그에 대한 책임으로부터 자유로울 수 없습니다. 이러한 맥락에서 건설적인 반성과 고민이 필요해보입니다.

국민과 지역을 대표하여, 민의를 대변하려는 큰 뜻을 품고 있는 저 또한 이번 서울시장 선거를 지켜보면서 많은 생각을 하게 되더군요. 정치불신 현상이 어디에서 시작되었는지, 무엇이 원인인지 하나하나 되짚어 가보았습니다. 그러다보니 가 닿게 된 곳은 바로 정치의 본질이 무엇일까 하는 아주 근원적인 질문이었습니다.

우리 인류의 정치행위 역사는 인간의 역사만큼이나 오래되었을 겁니다. 둘만 모여도 이해관계가 발생하기에, 갈등의 조정을 위한 정치행위는 늘 필요했겠지요. 역사를 거듭하면서 정치행위는 여러 가지 유형의 제도를 낳았고, 산업화 이후 민주화가 진전되면서 오늘의 민주정치가 탄생하기에 이르렀습니다. 민주주의는 국민의 의사를 최대한 반영하는 것을 목표로 합니다. 하지만 여러 가지 제약으로 국민의 의사를 직접 확인하여 정책에 반영하는 소위 직접민주주의가 행해지지는 못합니다. 그래서 대표자를 뽑는 대의제와 정당제가 발달하였고, 우리나라는 대의제 민주정치를 실행하고 있습니다.

직접 민주주의를 행한다 해서 문제가 없을 리 없겠지만, 단순히 국민의 의사 표현이라는 측면에서만 본다면 대의제가 불리한 것은 사실입니다. 그래도 대의제의 효율성 때문에 여러 가지 보완책을 덧붙여가면서 대의제를 유지하고 있습니다.

우리가 오늘날 직면한 정치 위기는 이러한 대의제 민주정치의 한계와 무관하지 않습니다. 대의제의 생명은 국민의 의사가 효과적으로 정책에 반영되는 구조를 확립하는 것입니다. 국민은 자신들의 의사를 잘 반영하리라 생각되는 인물을 대표로 선택하고 그들이 정치라는 행위를 통해서 정책에 반영해주기를 기대합니다. 즉 국민의 선거는 대표자에게 보내는 신뢰의 표현입니다.

국민의 선택을 받은 대표와 정당은 국민의 뜻을 잘 살펴서, 이를 국정에 반영하기 위하여 최선을 다함으로써 믿음에 보답해야 합니다. 하지만 기대에 부응하지 못할 경우, 국민은 자기가 선택한 대표자와 정당에 실망하게 됩니다. 그리고 그러한 실망이 누적될 때 정치인 개인을 넘어서, 정치에 대한 회의로 발전하게 됩니다.

기성정치에 대하여 불신하고, 오히려 제3세력에 기대하게 되는 오늘의 현실은 이미 국민의 실망이 상당히 누적되었음을 의미합니다. 즉 국민의 대표자가 민심과 상당히 이반되어 있었다는 것이지요. 국민의 뜻을 대변해달라고 뽑아주었는데, 정작 국회의원들은 국민보다는 정당의 이익에 더 큰 관심을 갖습니다. 국민은 갈등을 합리적이고 세련된 방식으로 해결해주기를 정치에 기대하지만, 정치인들은 협상을 통한 타협보다는 힘겨루기에 의존합니다.

정부가 잘못하면 야당이 나서서 막아주기를 바라지만, 의원 수에서 밀리면 어떻게 해결할 방법이 없습니다. 여당은 입 다물고 있고, 야당은 비판에 그칠 뿐입니다. 현 정부가 들어선 이래 4년간의 시간은 그러한 구태의 반복이었고, 일례로 4대강이 파헤쳐지는 것을 야당은 그저 바라만 봐야 할 뿐이었습니다.

출발선에서 늘 초심을 고민하는 저자

지금의 정치위기는 대의제 민주주의의 위기요, 대의제의 근간이 되는 정당제의 위기입니다. 이러한 위기가 어디에서 비롯되었을까요? 저는 정치가 초심을 잃었기 때문이라고 생각합니다. 초심이란 바로 정치의 존재이유에 대한 자각, 목적의식을 의미합니다. 정치는 국민을 위하여 존재합니다. 국민이 인간답게 행복하게 살 수 있도록 늘 고민하고, 제도적인 여건을 갖춰주기 위하여 노력하는 것이 정치입니다. 정치인은 그러한 방안에 대하여 다른 사람들보다 좀 더 집중적으로, 많은 고민을 하는 사람들에 불과합니다. 국민은 정치권력의 담지자며 정치의 존립 근거입니다. 국민을 떠난 정치는 죽은 것이나 다름없습니다.

우리 사회는 분업화되어 있습니다. 사람마다 역할이 다르고, 이에 따라 직업이 다양하게 존재합니다. 하는 역할은 다르지만, 공통된 한 가지는 모든 직업이 타인을 전제로 한다는 것입니다. 누군가 내 물건을 사주기에 나는 생계를 영위할 수 있습니다. 동시에 다른 사람이 생산한 재화와 서비스를 구매함으로써 나는 편안하게 생활할 수 있습니다. 우리 사회의 성원들은 이처럼 서로 도움을 주고받으며 함께 살아갑니다. 그렇기에 우리는 공생적인 관계이며, 타인은 나의 존립 이유가 되는 것입니다.

그런데 우리는 이러한 사실을 간혹 망각합니다. 대기업은 중소업체의 부품을 공급받아 제품을 완성하는 입장이면서도 중소업체 위에 군림합니다. 국민의 세금으로 월급을 받아가는 공무원과 관료들은 국민보다는 상급자의 입을 봅니다. 정치인 또한 마찬가지입니다. 국민이 있기에 정치인의 자리가 있는 것임에도 국민의 목소리를 외면합니다. 국민정서보다는 중앙당의 결정에 주목하고, 중앙당의 눈치를 봅니다. 무엇인가 잘못돼도 한참 잘못돼 있다는 생각이 들지 않습니까?

정당제, 대의제의 위기는 정치인이 국민의 정서, 욕구와 유리된 데서 비롯된 것입니다. 국민의 의사를 반영하지 못하는 정치는 국민 위에 군림하게 되고, 국민을 좌지우지하는 괴물이 되어버립니다. 그러한 비극은 정치와 정치인, 정당의 존립 근거가 국민이라는 단순한 사실을 망각한 데서 시작됩니다. 정치란 봉사입니다. 국민의 지지와 신뢰를 바탕으로 국민을 대표하여 활동하는 봉사자의 자리 이상도 이하도 아닙니다.

정치구조의 문제도 바로잡아야 합니다. 그간 우리의 정치가 국민의 정서와 유리됨에도 불구하고 권력화되어 유지될 수 있었던 데에는 주요정당들이 지역분할에 의거하여 존립해온 현실도 무관치 않습니다. 지역에 따라 특정 정당의 공천이 곧 당선을 의미하는 구조 속에서 중앙당의 공천권이 절대적이었기에, 국민의 대표자가 되어 국민의 명령에 귀를 기울여야 할 사람들이 중앙당의 눈치를 볼 수밖에 없었습니다. 우리의 정치가 다시 국민 속으로 들어가 국민을 위하여 봉사할 수 있으려면, 선거 이전 단계, 즉 공천 단계부터 지역민의 의사를 철저히 반영할 필요가 있습니다.

우리는 대의제 민주정치의 신뢰를 회복해야만 하는 절박한 상황에 처해 있습니다. 그러기 위해서는 국민 곁으로 가서, 국민의 마음을 읽고, 그 마음을 얻어내야 합니다. 위기는 기회의 또 다른 표현 아니겠습니까? 지금은 우리의 정치를 바로 살릴 수 있는 좋은 기회입니다. 정치는 국민을 위한 봉사라는 대명제에 입각하여, 국민의 기대에 부응할 수 있는 선량을 뽑을 수 있는 구조 확립에 모두가 힘쓸 때입니다.

바람이 불지 않으면 민들레 홀씨는 멀리 갈 수 없습니다. 씨앗에 달린 우산털이 온전하게 펼쳐지지 않아도 멀리 갈 수 없습니다. 우리네 정치도 이와 다르지 않습니다. 민심이라고 하는, 불어오는 바람을 외면하지 맙시다. 그렇다고 무턱대고 바람에 몸을 맡겨서도 안 됩니다. 민심의 풍향을 살피는 한편, 정당의 구조를 안팎으로 가다듬어 건전성과 건강성을 획득해야 합니다. 그런 다음에 당당하게 불어오는 바람에 우리를 던집시다. 건강한 민들레 홀씨는 어디에서든 뿌리를 내립니다. 내가 건강하다면 두려워할 것 없습니다. 국민들 틈으로 들어가 뿌리를 내리고 싹을 틔웁시다. 처절한 자기반성과 혁신의 노력으로 겨울을 지내봅시다. 생명이 움트는 봄날, 우리의 선배들이 해왔듯이 자랑스러운 민주주의의 찬란한 꽃이 산과 들을 노랗게 물들일 테니까요.

기금운용본부, 전북 이전이 핵심이다

진심이 아닐지라도 항상 진실하라.

–해리 트루먼(Harry S. Truman)

2011년을 뜨겁게 달군 전북의 화두는 한국토지주택공사(LH)의 전북 이전이었습니다. 전북도는 정부와 경남도에 맞서 'LH분산버치'를 일관되게 주장했으나, 결과는 경남도로 일괄이전이 결정되었습니다. 전북은 '등에 비수를 꽂힌 채' 활로를 모색해야 하는 꼴이 되었습니다.

대신 전북에는 국민연금관리공단이 이전하기로 결정되었지만, LH

구분	LH공사	국민연금관리공단
입지	진주	전주
시기	2014년 12월 말	2014년 12월 달
인원	1423명	573명
면적	14만7385㎡	3만2313㎡
이전비	4,667억 원	953억 원

LH공사와 국민연금공단 입지 변경안

전북 이전이 실패로 끝나면서 전북은 전북혁신도시에 그렸던 마스터플랜을 접어야만 하는 위기에 처했습니다. 또한 당초 기대했던 LH에 비해 규모가 작은 국민연금관리공단 이전이 확정되면서 손해를 감내해야 하는 불공정한 상황에 처했습니다.

이런 상황에서 전북도는 LH후속대책으로 ① 새만금 개발 전담기구 및 특별회계 설치, ② 국제규모 컨벤션센터 · 호텔 건립, ③ 프로야구 제10구단 창단 및 야구장 건립, ④ 국가산업단지 조성 ⑤ 국민연금공단 기금운용본부 일괄 이전 등 5개 항을 요구했습니다.

기업은행 부행장을 역임했던 금융전문가로서 LH 전북 이전 실패를 상쇄할 수 있는 기회는 바로 '국민연금관리공단 기금운용본부' 전주 이전이라고 생각합니다. 기금운용본부는 국민연금공단의 핵심입니다. 현재 운용하는 기금만 340조에 달하며 우리나라 1년 예산과 비슷한 규모로서 세계 4대 연기금으로 손꼽힙니다.

전북혁신도시에 기금운용본부가 온다면 전북은 국내는 물론 세계적으로 금융산업의 허브로 도약할 수 있는 발판을 마련하는 것입니다. 산업화 시대와 정보화 시대에서도 뒤처진 전북이 금융산업 육성을 통해 세계로 뻗어나갈 수 있는 절호의 기회가 오기 때문입니다.

그러나 현실을 보면 막막해 보입니다. 기금운용본부 관계자들은 "금융기관들이 서울에 있다."는 이유로 이전을 꺼리고 있으며, 적극적 유치에 나서야 할 전북도 역시 선언적 목소리를 내는 데 그치고 있습니다.

이제 전북도민과 전주시민들은 기금운용본부 전주 동반이전을 위해 행동으로 나서야 할 때입니다. 정부 유관 부처를 설득하고, 국민연금관리공단 관계자들과 대화를 통해 전주 이전의 실마리를 풀어야 합니다.

LH 이전의 후유증에서 벗어나, 더 큰 기회를 잡을 수 있는 기금운용본부 전주 이전이 실현된다면 LH 이전 효과보다도 더 큰 과실을 획득할 수 있습니다. 국내 굴지의 금융회사는 물론이고 세계적인 금융회사 관련 사무실들이 속속 전북으로 몰려올 수 있습니다. 자본시장의 꽃인 금융산업의 육성을 통해 양질의 일자리 창출은 물론 전북발전의 새로운 청사진을 그릴 수 있으며, 기금운용본부 전주 이전을 통해 전북 발전의 큰 틀을 마련할 수 있기 때문입니다.

국민연금관리공단 기금운용본부의 전주 이전이 성공하기 위해서는 다음과 같은 노력이 필요하다고 생각합니다.

첫째, 전북도가 국민연금관리공단 기금운용본부 관계자들이 전주로 이전을 고려할 수 있는 전폭적 지원을 제시해야 합니다. 전북의 차세대 성장산업으로 금융산업 육성을 선포하고, 이전 시 전북도가 줄 수 있는 최대한의 지원을 약속해야 할 것입니다.

둘째, 국민연금기금 운용과 관련한 최고의사결정기구인 '국민연금기금운용위원회'를 적극적으로 설득해야 합니다. 위원회는 국민연금기금 운용과 관련한 최고의사결정기구로서, 기금운용위원회 위원은 총 20명으로 당연직 6인(보건복지가족부장관(위원장), 기획재정부 차관, 농림수산식품부 차관, 지식경제부 차관, 노동부 차관, 국민연금관리공단 이사장)과 위촉위원 14명으로 구성되어 있습니다. 위촉위원은 각각 사용자 대표 3인, 근로자 대표 3인, 지역가입자 대표 6인, 관계전문가 2인 등으로 구성되어 있는데, 기금운용위원회는 최소 분기별 1회 이상 위원회를 열고 국민연금 기금의 투자 부문별 비중 등 주요사항을 결정하고 있습니다.

특히 민간위원으로 참여하고 있는 경영자 단체와 노동자 단체 대표들을 설득해야 합니다. 정부관계자들은 정부의 방침에 따라 의사결정을 하기 때문에, 민간 차원에서 위촉위원들에게 '전북 이전의 필요성'을 설득력 있게 주장해야 합니다.

셋째, 전북도민들이 적극적으로 기금운용본부 이전을 원하고 있다는 분위기를 만들어야 합니다. 가칭 '국민연금관리공단 기금운용본부 전북이전 민간추진단' 을 구성해 민간차원에서 동반이전을 위한 노력을 시작해야 합니다. 도민들의 환영의사가 정부 및 국민연금관리공단 관계자들에게 전달될 때 이전 분위기도 무르익을 수 있기 때문입니다.

LH 후속대책으로 전북에 가장 실익이 될 수 있는 것은 단언컨대, '국민연금기금운용본부 동반이전' 입니다. 전북도민의 힘이 하나로 뭉친다면 못해낼 것도 없습니다. 정치적 해법으로는 먼저 여야 정당에게 '대선 공약으로 기금운용본부 전북 이전' 을 못 박도록 해야 합니다. 이와 함께 2012년에 있을 대통령 선거에서 여야 대통령 후보들이 대선공약으로 '국민연금관리공단 기금운용본부 전북 이전' 을 제시할 수 있도록 설득해 나가야 할 것입니다.

진정한 친서민 정책을 보여주세요

민중의 소리는 하나님의 소리

–앨퀸(Alcuin)

총선과 대선을 앞둔 시점이어서 그런지 요즘 들어 부쩍 과거 참여정부와 현 정부를 많이들 비교합니다. 선거라는 것이 그간의 활동에 대한 재평가 기회라는 점에서 필요하고 바람직한 현상이라고 봅니다. 유권자의 엄정한 심판이 필요한 시점이니까요.

참여정부와 현 정부의 극명한 정책적 차이는 분배보다 성장 위주의 정책을 폈다는 데 있습니다. '잃어버린 10년' 을 되찾겠다던 현 정부가 가장 먼저 빼든 카드가 부자과세 폐지 등의 대대적인 감세정책이었지요. 아울러 복지예산을 대폭 삭감했습니다.

4년여가 흐른 지금까지도 이에 대한 논란은 가시지 않고 있습니다. 이를 둘러싼 갈등은 급기야 서울시장직을 내건 전면무상급식 주민투표로 표출되었고, 오세훈 전 시장의 도박은 실패로 돌아갔지요. 주민투표 결과 드러난 민심은 보편적 복지에 대한 지지였습니다. 민심을 의식한 걸까요? 집권 후반기 들어 한나라당과 정부는 친서민을 표방하기 시작하더니 이제는 복지 예산 확대를 공언하고 있습니다. 여권 내부에서 부자감세 철회 여부를 놓고 파열음도 들립니다.

정부는 기본적으로 국민을 위하여 존재하며, 국민을 위한 정책을 집행합니다. 하지만 모든 국민에게 고루 혜택이 가도록 하는 데는 한계가 있습니다. 누군가에게는 득이 되는 정책이 다른 누군가에게는 실이 되는 경우가 허다하기 때문입니다. 그렇기에 시행하는 정책이 누구에게 이익이 되는가 보면, 그 정부의 성향을 파악할 수 있습니다.

이명박 정부가 집권 초기부터 고집해온 고환율 정책을 살펴봅시다. 고환율 정책은 수출단가를 낮추는 효과를 냄으로써, 수출에 유리하게 작용했습니다. 그 덕에 수출도 실제로 증가했습니다. 하지만 수출이 늘었다고 좋아하기만 할 일은 아닙니다. 왜냐하면 수출에 유리해지는 반면, 수입물가 또한 상승하는 부작용이 있기 때문입니다.

서민정책을 위해 민생현장을 찾은 저자

현상적으로 수출이 늘고 수입이 감소하면 손해는 아니지 않나 생각할 수도 있겠습니다만, 그렇지만은 않습니다. 수출이 늘어 이익을 보는 곳은 수출 중심의 대기업이고, 수입이 늘어 손해 보는 곳은 내수 중심의 기업과 자영업자들, 그리고 서민들이기 때문입니다. 농축산물과 1차산업, 경공업제품 등 내수시장에서 수입품이 차지하는 비중이 매우 큰 상황에서 수입물가가 상승한다는 것은 서민생활에 큰 타격이 됩니다. 국가 전체로 봐서는 본전 같지만, 이익을 보는 자와 손해 보는 자가 갈리는 것입니다. 경제성장을 선호하는 현 정부는 수출에 유리한 고환율 정책을 선택했고, 그 결과 대기업의 배만 불린 셈이 된 겁니다.

이명박 정부 초기 947원이던 환율이 2008년 1100원대를 넘어선 이래 줄곧 1100~1200원대에서 오르내리고 있는데요. 2008년부터 2010년까지 수출 대기업이 얻은 이익이 140조 원, 반면 환율 상승으로 추가 지불해야 했던 금액은 같은 기간 146조 원이라고 합니다.

경제학에 '공짜 점심은 없다'는 유명한 말이 있습니다. 반드시 대가를 치르게 된다는 이야기입니다. 고환율의 이익을 대기업이 챙겼다면, 그만큼의 손실을 내수업체, 자영업자, 서민 등 다른 누군가가 고스란히 떠안게 되는 것이지요.

현 정부는 집권 초기 상속세와 증여세, 양도소득세, 종합부동산세 등을 감세하여 소수 부자들에게 혜택을 베풀었습니다. 그 결과 5년간 총 96조 원의 재정수입 감소가 초래되었습니다. 그렇게 해놓고서는 무차별적 무상급식을 주장하는 목소리에 대해 포퓰리즘이라고 비난하고, 재정적자를 우려하여 반대합니다.

정책이 누군가에게 이익이 되고, 다른 누군가에게 손해가 되는 것은 불가피한 측면이 있습니다. 누군가에게 이익을 준다면 누구에게 주어야 할까요? 이것은 정치철학과 관계된 문제입니다. 저는 국가가 약자를 보호하기 위해 존재한다고 생각합니다. 가난한 자는 약자입니다. 자기를 스스로 보호할 능력이 부족하기 때문이지요. 그렇다면 국가는 약자를 보호하는 것이 당연합니다. 정부가 외치는 공정사회라는 것은 약자를 보호하는 데서 출발해야 합니다. 호랑이와 토끼를 한 우리에 넣어놓고 방치하는 것이 공정은 아닙니다.

이명박 정부가 집권 후반기 들어서면서부터 부쩍 '친서민'을 자주 언급합니다. 가끔 시장을 방문해서 어묵 먹고 떡볶이 사먹는 게 친서민이 아닙니다. 구호가 진정성을 가지려면 정책에 반영되어야 합니다. 그리하여 서민의 살림살이가 달라져야 합니다. 그렇지 않고, 부자감세로 나빠진 재정을 애먼 복지과잉 탓으로 돌리며 복지예산 감축을 통해 만회하려는 행보를 거듭한다면, 양두구육(羊頭狗肉)에 다름 아닙니다.

친서민이란 서민의 아픔을 함께 느끼고 눈물을 닦아줄 수 있어야 합니다. 선거철만 돌아오면 서민을 위하는 척하는 행태는 국민에 대한 멸시요 민주주의에 대한 모독입니다.

총선과 대선이 목전으로 다가왔습니다. 우리 국민은 군사독재와 맞서 싸워 민주주의를 쟁취한 경험이 있습니다. 그리고 민주정부를 우리 손으로 세운 장본인들입니다. 여러분의 밝은 안목으로 투철한 국가관을 가지고 국가발전에 보탬이 될 인물과 정당을 선택하시리라 믿습니다.

전주한옥마을 2퍼센트 부족한 뭔가를 채워라

아름다운 시작보다 아름다운 끝을 선택해라.

–발타사르 그라시안(Baltasar Gracian y Morales)

전주한옥마을은 인구 65만 명이 사는 도심에 위치해 있습니다. 540여 채의 기와집이 옹기종기 처마를 맞댄 전주한옥마을만큼 정감 있는 공간도 드물 겁니다. 이곳은 태조 이성계의 어진이 도셔진 조선 왕조의 발상지이며, 한국음식을 대표하는 전주비빔밥 등 슬로푸드 콘텐츠가 있고, 한지와 한지공예품, 판소리 등이 잘 보존되어 있는 한국 전통문화의 본고장입니다.

전주시 완산구 풍남동과 교동 일대 29만6330평방미터에 자리 잡은 전주한옥마을의 유래는 1910년 일제강점기로 거슬러 올라갑니다. 전주에 온 일본인들이 전주성 안으로 진출하자 전주사람들이 이에 반발해 교동과 풍남동 일대에 한옥을 짓고 모여 살면서 한옥촌을 형성한 것이 시발점이 되어, 지금의 도심 속 테마마을로 명맥을 유지해 왔습니다. 당시 전주는 4미터 높이의 담에 둘러싸인 성이었으나 일본인들이 철거해 지금은 풍남문만 남아있습니다.

전통이 보존되고 지역주민 중심의 삶이 있는 전주한옥마을은 2005년 이후 한옥마을 활성화 정책이 추진되면서 연간 350만 명 이상이 다녀갈 만큼 관광지로 각광을 받아왔습니다. 한옥마을을 찾은 관광객은 집계를 시작한 2002년에는 31만 명에 그쳤으나 2006년 100만 명을 돌파했고, 2009년에는 200만 명, 2010년에는 350만 명을 넘어서는 등 가파른 증가세를 보이고 있는데, 현 추세로 볼 때 2012년에는 500만 명을 돌파할 것으로 보입니다.

전주한옥마을이 전북을 대표하는 관광지로 떠올랐지만, 다양한 볼거리와 즐길거리가 부족하고 지역주민들의 삶과 연계성이 부족하다는 지적도 여전합니다. 밀려오는 관광객 수에 취해 혹시나 자화자찬(自畵自讚)이 자승자박(自繩自縛)이 될 수 있다는 것을 뻔히 알면서 전통 문화

전주시 완산구 풍남동과 교동 일대의 전주한옥마을

정책을 손놔버린 것은 아닌지 안타깝습니다. 전주한옥마을이 가장 한국적인 지역으로 굳건히 자리 잡기 위해서는 2퍼센트 부족한 뭔가를 채워야 합니다.

문제는 '방식' 입니다. 전주한옥마을이 '우리다움', '전주다움' 의 한옥마을이 되기 위해서는 ① 전주의 문화와 한옥마을의 특성을 보여주는 '특성화', ② 관광객이 편안하게 머물고 다시 찾을 수 있는 '공간 기능성', ③ 한국 전통문화의 수도로서 관광객을 의한 역사 · 문화 · 관광도시로의 '상징성' 의 3대 기본 방향을 핵심 고려사항으르 정할 필요가 있습니다. 구슬이 서 말이라도 꿰어야 보배라고, 국가를 설득할 수 있는 명분을 만들고 비전과 전략을 세우는 일, 그리고 주어진 여건들을 활용하는 것은 전주의 몫입니다.

이를 바탕으로 첫째, 한옥마을을 관광객들이 편안하게 즐길 수 있는 명소로 만들기 위해서는 한옥마을의 정체성과 정취를 보존해야 할 필요가 있습니다. 전주한옥마을이 자칫 '한옥 테마파크' 로 변질되어서는 안 되겠지요. 이를 위해 한옥마을에 상업시설이 마구잡이로 들어서면서 '사람이 실제 거주하는 국내 유일의 한옥마을' 이라는 장점이 희석되는 것을 막고, 실제 주민들이 거주하는 국내 유일의 한옥마을이라는 정체성을 확립해야 합니다.

둘째, 지역민의 삶의 질을 높이고, 한옥마을을 찾는 외지인들에게 역사도시인 전주의 품격을 보여주어야 합니다. 관광객들이 낯선 마을의 지도 한 장 들고 이 골목 저 골목으로 실핏줄 여행을 떠나는 이유는 그 마을의 역사와 삶의 흔적을 만끽하기 위해서입니다. 막힌 듯 뚫리고 끊어진 듯 이어지는 전주한옥마을의 문화와 역사를 통해 한옥이 살아 있고 그 안에 전주의 소리, 전주의 맛, 전주의 멋을 선명하게 각인시키는 곳이 되어야 할 것입니다.

셋째, 한옥마을이 갖고 있는 관광 잠재력과 인근 재래시장과 연계한 문화관광 콘텐츠의 활용 가능성 및 향후 발전이 절대적으로 필요합니다. 이를 위해 먼저 한옥마을에서 생산되는 다양한 수공예품과 생활용품을 사고파는 문화 공간 조성과 다양한 장르의 문화체험 행사를 늘리고, 한옥마을의 특성을 살린 소규모 행사 등 더 즐겁고 편안한 관광지로 변화를 시도해 볼 필요가 있습니다. 전주 동문거리는 소극장과 화방, 헌책방 등 문화예술 공간이 모여 있고, 콩나물국밥 등 대중적인 먹거리와 음주문화가 형성됐으며, 한옥마을과 연계되는 등 공간적 접근성도 높은 곳이므로 적극 활용할 필요가 있습니다. 한옥마을은 낮에는 분주하지만 밤이면 볼거리가 부족합니다. 이를 개선하기 위해 한옥마을 근처의 남부시장과 연계한 전략도 효과적일 겁니다. 시민과 관광객들에게 한옥마을과 연계한 관광코스를 확장하고 야간의 즐길 거리를 제공한다면 남부시장은 풍물시장으로서 기능을 회복하여 관광객들의 흥미를 불러일으킬 수 있을 것입니다. 또한 중앙동 옛 전북도청사 자리에 전라감영이 복원된다면 한옥마을에서 영화의 거리, 중앙시장, 노송천 먹거리 시장으로 이어지는 관광 코스가 완성돼 전통도시의 이미지를 높이는 데 큰 도움이 될 것입니다.

한옥은 '풍경을 담아내는 액자' 라고 합니다. 한지로 도배된 방에 들어서면 시커멓게 그을린 아랫목이 정겹고, 방에 나 있는 창으로 고개를 내밀면 창은 족자가 되고 바깥 풍경은 병풍이 됩니다. 마당 한가운데 서면 바람이 머릿결을 스치고, 은은한 흙냄새가 마음을 편안하게 해주지요.

서울과 인천, 충북 등 지방자치단체들이 전통 한옥을 관광자원으로 활용하기 위해 발 벗고 나서고 있습니다. 옛 건물의 아름다움을 널리 알리고 이를 통한 지역관광 활성화를 꾀하기 위해서입니다.

하지만 전주한옥마을은 여타 지방의 한옥마을과는 차원이 다릅니다. 옛 멋 그윽한 전주한옥마을은 박제된 것이 아니라 살아있는 역사를 만날 수 있어 흐뭇하기 때문입니다. 한옥마을은 '전주의 얼굴'입니다. 빼곡히 들어선 한옥들이 세련된 감각으로 되살려져 추억과 낭만을 선사하기 때문이죠. 전통의 위엄과 아름다움으로 치장한 전주한옥마을을 잘 보존한다면 대한민국이 경제대국뿐 아니라 문화대국으로 가는 분수령이 될 것입니다. 유럽 주요 국가들이 경제적 · 과학적 발전과 더불어 문화에 대한 인식을 소중히 여기는 것처럼 말입니다.

주민의 삶을 배려하는 개발이 아쉽다

자연에는 보상도 징계도 없다. 결과가 있을 뿐이다.

–로버트 잉거솔(Robert Ingersoll)

이명박 정부 출범 후 지속적으로 공을 들이고 있는 사업이라면 단연 '4대강 살리기 사업' 일 겁니다. 한강과 금강, 영산강과 낙동강 등 네 개 강을 개발하여 수질을 개선하고 홍수에 대비하며 지역경제 활성화에 기여하는 것 등을 표방하고 있지요.

4대강 사업에 대하여 많은 국민은 대운하 사업의 전 단계가 아니냐는 의혹의 시선을 거두지 못하고 있습니다. 또 엄청난 예산낭비, 자연파괴 등의 이유로 반대여론이 끊이지 않고 있습니다.

2011년 8월 방한한 독일의 하천전문가 한스 베른하르트(Hans Bernhart) 교수는 4대강 사업의 보 건설 방식과 강바닥 준설 수심 기준 등을 근거로 4대강 사업이 운하를 위한 준비사업이라는 주장을 내놓았습니다. 수질 개선을 위해서는 보 건설이 필요 없고, 강의 수심 또한 일률적으로 4미터 이상으로 해야 할 이유가 없다는 겁니다.

4대강 사업이 운하 전 단계 사업인지 여부를 떠나 문제점은 명확합니다. 그중 하나는 국민과의 소통, 야당과의 협의가 결여된 채 진행되는 사업이라는 점입니다. 국토가 어느 개인의 소유물이 아닌 한, 강바닥을 파헤치는 일조차도 독단적으로 행해서는 안 됩니다. 하지만 이명박 정부는 국민과 야당이 반대함에도 불구하고 국토의 혈맥을 자르고 잇는 대수술을 감행하고 있습니다. 지난 여름 붕괴된 왜관철교만 놓고 보더라도 환경영향에 대한 평가도 미진했을 것으로 짐작됩니다.

다른 하나는 보여주기에 대한 과도한 집착입니다. 4대강의 목표로 내세우는 홍수문제나 수질개선이 산적한 많은 현안을 제쳐두고 수십 조의 예산을 쏟아 부을 만큼 절실한 사안은 아닙니다. 그럼에도 불구하고 집착하는 데는 뭔가 다른 이유가 있겠지요. 건설회사 사장의 경험을 통해 건설공사를 잘 안다는 점, 그리고 과거 시장 재직시절 청계천 공사로 재미를 봤던 경험 등으로 4대강 공사를 치적으로 남기고픈 욕구가 강하게 작용한 것은 아닌가 싶습니다.

이명박 대통령의 '보여주기'가 성공을 거두자 오세훈 전 서울시장 또한 보여주기에 치중했습니다. '디자인 서울'이 대표적이지요. 문제는 서울시에서 일어난 이러한 일들이 지방에도 파급된다는 것입니다. 청계천의 성공 아닌 성공을 지켜본 많은 지자체장들도 자신의 임기 내에 역사에 남는 치적을 남기고 싶어 합니다.

전주시 완산구 노송동을 흐르는 노송천은 청계천과 마찬가지로 복개천이었습니다. 2007년 환경부에서 도심하천 생태복원사업(구 '청계천+20')의 선도사업으로 선정되어 사업비를 지원받으며 하천복원을 진행해 2011년 현재 1단계 사업으로 일부 구간의 복원이 완료된 상황입니다.

복원 이전에 노송천은 주차장으로 사용되고 있었습니다. 인근 상가와 중앙시장을 찾는 고객들에게 없어선 안 될 주차장이었지요. 공사계획이 수립되자 주차장을 비롯한 시설물들은 철거되었습니다. 그리고 3~4년 간의 공사가 끝나고 노송천이 모습을 드러냈습니다.

그러나 청계천에 버금가는 관광명소가 될 거라는 전망과 시장 및 구도심 활성화에 기여할 것이라는 장담이 무색하게 상권은 침체일로에 빠져들었습니다. 노송천은 돌로 쌓아올린 아름다운 하수도에 다름없어, 관광객을 끌어 모으지 못하고 있는 상태입니다.

어느 이른 아침 복원된 노송천을 살펴보다 만난 상인들은 분통을 터뜨렸습니다. 매출이 복원 이전의 절반에도 미치지 못하고, 이에 따른 어떤 보상도 받을 수 없다는 것이었습니다. 안타까운 일이 아닐 수 없습니다.

전주 노송천을 씁쓸한 마음으로 바라보면서 든 생각은 기왕이면 지역민에게 상징성을 부여할 수 있는 '원도심 노송천(또는 원노천)'으로 이름을 바꾸어 지역민에게 긍지를 느끼게 하는 이름변경과 함께 상권도 활성화되도록 좀 더 세심한 배려가 있었으면 하는 아쉬움이 있었습니다. 해당지역의 특색과 특성에 충실하게 기초하지 못한 정책은 실패할 수밖에 없습니다. 현재 계획에 의하면 복개천이던 노송천을 복원하고 광장도 만든다고 합니다. 말 그대로 청계천과 서울광장의 형식을 모방하는 데 지나지 않습니다. 전주는 서울이 아닙니다. 재정상태가 다르고 공간여건이 다릅니다. 노송천은 수량이 풍부하지 않고, 청계천처럼 한강물을 끌어올 여력도 없습니다. 개천의 폭이 좁아 산책로를 만드는 것도 가능하지 않습니다.

다음으로, 복원으로 인해 생길 문제를 다각도로 검토하고 대안을 마련했어야 합니다. 현대사회에서 쇼핑공간에 주차장이 없어선 안 됩니다. 노송천 복원으로 인하여 주차장이 없어진다면 다른 곳에 충분한 공간의 주차장을 만들었어야 합니다.

마지막으로, 보여주기보다 중요한 것은 민생이라는 점을 명심해야 합니다. 복개천을 복원해서 생태하천을 만들고 보기 좋게 꾸미는 것은 좋습니다. 하지만 그것이 상권을 어렵게 한다면 노송천 복원은 주변 상인들과 더욱 소통에 치중해야 했습니다. 대형공사를 통해 업적을 포장하기란 쉽습니다. 하지만 그로 인한 부담이 시민에게 돌아간다는 점을 생각한다면 비용과 효과를 신중히 따져야만 합니다.

전주 시내를 가로질러 흐르는 대표적인 자연하천 전주천(한벽당~삼례교)은 자연하천 조성사업이 시행되기 전까지만 해도 밋밋한 콘크리트 제방과 주차장, 각종 생활하수 및 폐수 등으로 인해 생물이 거의 살 수 없는 4~5급수의 하천이었습니다. 그러나 1998년부터 2002년까지 5년 동안 110억 원의 공사비를 들여 자연 생태계를 성공적으로 복원시킨 모델로 인정받기도 하였습니다.

국내외 자연하천의 성공 모델들을 둘러보면 지자체와 정부가 제 아무리 많은 돈을 들인다 해도 주민들의 도움 없이는 성공하기 어려운 것이 현실입니다. 따라서 자연하천 조성사업이 제 효과를 내기 위해서는

원도심 노송천으로 자연생태 하천으로 바뀌야 하는 노송천

주민 참여가 필수이고, 주민이 주체로 나서는 데 있다 해도 과언이 아닙니다.

향후 전주천만의 특색 있는 개발과 보존 방안을 위해서는 시민 · 환경단체, 전문가들이 모여 '전주천 살리기'를 테마로 민-관-학 거버넌스(협치, 協治)를 구축하여 자연생태계가 살아있는 휴식공간은 물론 '자연과 시민이 함께하는, 사람과 자연이 공존할 수 있는' 체계적인 전주천 살리기 대안들을 마련해야 합니다.

다산 정약용 선생은 "사람들이 아는 것은 가마 타는 즐거움 뿐, 가마 메는 괴로움은 모르고 있다."고 꼬집은 바 있습니다. 보여주기에 몰두하기보다는 서민의 삶과 어려움을 돌보는 데 집중해야 할 필요가 있습니다.

전주교도소 이전 대안을 탐구하다

'노(NO)'를 거꾸로 쓰면 전진을 의미하는 '온(ON)'이 된다.
–노먼 빈센트 필(Norman Vincent Peale)

1972년 전주시 외곽 평화동에 신축된 전주교도소 주변에 90년대 중반 이후 대형아파트가 대거 들어서면서 평화동 주민들 사이에서 교도소를 이전해야 한다는 여론이 비등해졌습니다. 전주교도소는 1908년 시내 진북동에 조성됐으나 인근 지역이 도심지로 개발되면서 1972년 당시 전주시 변두리 지역이던 현재의 평화동 3가 일대 111,405평방미터의 부지로 이전하였습니다.

하지만 도시 확장에 따라 전주교도소 인근에 최근까지 10여 개의 대형 아파트 단지가 줄줄이 들어섰고, 또 다른 아파트 건립이 추진되고 있어 전주교도소가 주택 밀집지 가운데 놓이는 상황이 되었습니다.

주민들은 교도소 설립 당시인 1972년만 해도 평화동이 전주시 외곽에 위치하여 별 문제가 없었으나 지금은 도심에 있는 만큼 아이들의 교육적 문제 등을 고려하여 이전이 시급하다는 입장을 수차례 밝히는 등 많은 논란을 벌여왔습니다.

법조계에서도 건립 40년에 가까운 전주교도소의 일부 건물 노후가 심각하고, 재소자 수용정원을 초과하고 있어 이전을 적극 검토해야 한다는 의견에 공감하고 있습니다.

전주시 역시 10여 년 전부터 전주교도소 주변에 대단위 아파트 단지가 들어섬에 따라 전주교도소를 전주시 외곽 지역으로 이전키로 하고 현재 후보지를 물색 중에 있습니다. 앞으로도 넘어야 할 산이 많지만 전주시는 후보지가 결정되면 이전계획을 수립하여, 법무부와 본격적인 협의에 나선다는 계획입니다. 전주시는 현재 전주교도소 이전을 위한 본격 행보 중에 있는데, 교도소 이전 타당성 용역 등 국가예산 확보에 총력을 기울이면서, 전주시 차원의 대책마련에 착수하는 한편, 법무부 및 정치권과의 갈등 협의 등 교도소 이전문제 해결 추진에 안간힘을 쓰고 있습니다.

이전 부지를 놓고 정치권의 갑론을박이 진행되고 잠정 이전 부지 확정을 놓고 해당 주민들의 반발이 거세 홍역도 있었지만 이런 가운데 2011년 6월 법무부 장관이 이전 부지만 확정되면 '전주 도시 발전과 전북의 이익에 맞도록 전주교도소를 이전할 수 있게 하겠다' 고 약속하였습니다. 2011년 11월 현재, 전주교도소 이전작업이 본격 추진될 수 있도록 이전에 필요한 기초조사 설계비 2억 원이 국회 기획재정위 예산심의를 통과하여 이전작업 실무를 실질적으로 진행할 수 있게 된 상황입니다.

전주교도소가 이전되면 향후 관심의 대상은 '전주교도소 이전 후 평화동 활성화 대안은 무엇인가' 입니다. 교도소 부지 및 인근지역 등과 연계한 활용도가 집중적으로 모색되어야 하지만, 전주시의 도시발전 계획과도 연동되는 사안이기 때문에 장기적인 안목의 개발 계획이 논의되어야 합니다.

이를 위해서는 주민들의 충분한 의견 등을 수렴해 활용방안을 연구해야 함은 물론, 평화동 해당 주민들과 전주시의 미래를 가늠해 현재와 미래를 담보한 대안이 모색되어야 할 것입니다.

첫째, 평화동 일대를 기업연수 특구로 조성해 볼 필요가 있습니다. 한국 전통문화의 고장 전주의 가치를 접목시킨 기업연수원 단지 조성 · 유치로 많은 기업교육생들이 전주를 방문하고 소비를 하도록 하겠다는 구상입니다. 전주는 우리나라의 대표적인 전통문화도시라는 상징성을 가지고 있어 교육연수지로서 의미가 있는 지역입니다. 기업들은 현재 회사발전과 직원자질향상, 직원복지차원에서 교육과 연수를 활발히 진행하고 있습니다. 제주의 경우 새마을금고, 농협중앙회, ㈜뇌호흡 등이 휴양 · 교육 목적의 연수원을 설립중인데 이 세 개 연수원의 투자비가 1600억 원에 이르고 연인원 10만여 명이 방문할 것으로 예상되고 있습니다.

완산구 평화동 일대는 모악산 자락과 전주천이 흐르는 좋은 자연경관을 가진 넓은 땅이 있는데다 특히 전주가 환황해권국제도시가 될 새만금의 배후도시로 성장할 것이므로 기업연수원이 들어서기에 좋은 입지임에 틀림없습니다. 기업연수는 회당 대규모 연수생을 동반하므로 방문객을 크게 늘리고 소비를 유도하여 지역 상권에 활력을 불어넣는 등 부가가치 창출효과도 기대될 수 있습니다.

둘째, 일하고 싶은 어르신들을 위한 '노인직업교육센터' 설립을 구상해 봅니다. 완산구의 고령화가 빠르게 진행 중(65세 이상 노인인구 비율이 6퍼센트부터 고령화 시대라고 하는데 완산의 경우 8~9퍼센트에 이르는 것으로 추정)에 있어, 생계를 위해서나 건강을 위해서, 혹은 경험을 살리기 위해서 여러 가지 이유로 일하고 싶은 어르신들이 많습니다. 전주시에 노인취업지원센터가 운영되고 있지만 체계적 직업교육시설이 없어 현재 어르신들이 가질 수 있는 일자리는 대부분 단순노동의 소일거리에 머물고 있습니다. 따라서 정보화시대, 고령화시대에 맞는 새로운 직업교육이 필요한 상황이고, 장기적으로 노인직업교육의 수요가 높아질 것으로 예상됨에 따라 '노인직업교육센터' 설립도 생각해봄 직합니다.

셋째, 장애우 근로작업장을 설립하여 직업교육과 작업활동을 통한 장애우의 자활과 자립을 도모하는 것입니다. 평화동 영구임대주택단지는 장애우 집단거주지로 약 3분의 1를 차지하고 있습니다. 전주시에는 장애우보호작업장 두 곳이 있지만 근로작업장은 전무한 실정입니다. 직업능력은 있으나 사회적 제약 등으로 취업이 어려운 장애우에게 근로의 기회를 제공하여 장애우들의 생계보장과 일자리 확보에 최우선을 두는 일입니다. 전주시 장애우 취업률은 전국평균 38.2퍼센트보다 훨씬 낮은 27퍼센트로 추정되고 있습니다.

넷째, 모악산 자락과 연계한 생태환경 체험 주민 공간을 조성하는 것입니다. 모악산 자락과 연계하고 인근 완주군 생태환경 지역 등과 연동하여, 도심 속 생태환경 체험 및 주민 관광 공간으로 확대하는 방안을 구상한다면 전주시와 도농 접경지역 부가가치와 시너지 효과 창출에 큰 역할을 할 것이며, 궁극적으로 전주시 관광형 체험 수익모델로 자리매김 할 수 있을 것입니다.

이처럼 전주교도소 이전 문제는 지역활성화를 불러일으킬 만한 긍정적 사안이지만, 반면에 해결해야 할 과제도 적지 않습니다. 분명한 것은 전주교도소 이전 후 개발 계획은 지역과 상생하고 지역민과 소통하며, 완산구는 물론 전주시 미래 발전과 연계되어야 한다는 점입니다.

금융권 수수료 문제, 상생의 지혜로 극복하자

다른 사람들이 원하는 것을 얻도록 충분히 도와주면 당신이 원하는 모든 것을 얻을 수 있다.

– 지그 지글러(Zig Ziglar)

금융업체에 대한 시선이 요즘처럼 따가운 적은 없었던 것 같습니다. 저축은행 사태에서 드러난 경영상의 부조리, 부당대출, 주주에 대한 인출특혜로 인하여 금융업체 및 금융당국에 대한 신뢰가 땅에 떨어졌고, 카드 수수료, 은행 수수료 등의 문제로 금융업체 수익 구조의 정당성에 대한 의문도 제기되고 있는 것 같습니다.

요즘 가장 이슈가 되는 것은 카드 수수료 문제입니다. 한국음식업중앙회가 신용카드 가맹점 수수료 인하 요구 시위를 통해 일정한 성과를 올리자 업종별로 수수료 인하 요구가 계속되고 있습니다.

사상 처음으로 한 해 카드 사용액이 2011년에 500조를 넘어설 것으로 전망되는 가운데, 신용카드 결제 비율도 60퍼센트를 상회할 것으로 추정되고 있습니다. 신용카드가 화폐를 압도한 것입니다. 신용카드는 이제 준 화폐라 해도 과언이 아닙니다.

카드 사용이 보편화된 만큼 카드 수수료가 문제되는 것은 당연한 일입니다. 특히 택시나 편의점 등에서의 소액 카드 결제가 늘고 있는데, 소상공인들이 카드 수수료로 인하여 받게 되는 부담이 무시하기 어려운 수준이라는 데에는 의심의 여지가 없습니다.

은행의 수수료도 인하 압박을 받고 있습니다. 이미 은행들은 국민정서와 금융당국의 눈치를 보며 현금입출금기(ATM) 인출 수수료를 인하하였고, 파장은 증권업계에까지 미치고 있습니다. 주식 및 펀드 수수료도 인하 압박을 받고 있는 거지요.

사실 카드 수수료의 적정수준은 여기서 쉽게 논할 문제가 아닙니다. 비용을 산정하고, 이에 근거하여 나머지 수익을 카드사와 가맹업주들이 어떻게 분배할 것인가 결정해야 할 문제이기 때문입니다. 하지만 방법이 명확한 만큼 단순한 문제라고 볼 수도 있습니다.

특히 수년 사이에 카드 사용이 보편화되었다는 현실을 감안할 때, 적정 수수료 수준에 대한 사회적 논의가 필요한 시점이기도 합니다. 수수료 갈등은 터질 것이 터진 것으로 봐야할 것 같습니다.

37년간 금융업계에 종사한 사람으로서, 금융업계에 대한 저의 애정은 누구 못지않습니다. 금융기관들이 국민의 사랑을 받기를 바라는 마음 또한 간절한 것이 사실입니다. 그러한 진심을 담아서 한마디 고언을 할까 합니다.

카드 수수료를 얼마로 부과하고 비용을 어떻게 분담할 것인가는 경영상 매우 중요한 문제입니다. 수수료율을 아주 조금만 조정해도 카드사 수입은 크게 증감하니까요. 하지만 당장의 경영실적 변화가 전부는 아닙니다. 그보다 더 중요한 것은 장기적인 이익이고, 이익의 지속성입니다.

장기적인 이익의 전제조건은 고객입니다. 고객이 있어야 이익이 지속될 수 있다는 것입니다. 소상공인을 포함한 고객들과 금융기관은 동반자입니다. 경제가 어려울수록 이 사실을 잊어서는 안 됩니다.

요즘 경기가 최악입니다. 미국발 위기에 유럽발 위기까지 차례로 발발해서 세계경제를 흔들고 있습니다. 국내는 내수가 살아나지 못하고 있습니다. 이처럼 어려울 때는 금융기관이 앞장서서 소상공인에게 버팀목이 되어준다면 얼마나 좋겠습니까. 외풍에 떠밀려 억지로 수수료를 인하하기보다는 고통을 분담하자는 취지로 자발적으로 수수료 인하에 앞장서는 모습을 보여줬더라면 어땠을까 하는 아쉬움도 있습니다.

지금 필요한 것은 인식의 전환이 아닐까 합니다. 금융기관과 소상공인은 적대적 관계가 아닙니다. 수익을 나눠가져야 하는 관계이므로, 상대방이 많이 가져가면 내 것이 줄어들기 때문에 적대적으로 보일 수도 있지만 그것은 현상에 불과합니다. 소상공인이 수수료 부담으로 경영난에 허덕인다면, 저축이 줄고 은행 잔고가 줄어들겠지요. 그것은 은행 등 금융업체들에도 바람직하지 않습니다.

문제는 거기서 멈추지 않습니다. 금융기관은 고객의 신뢰를 먹고 삽니다. 일례로 고객이 어렵게 번 돈을 은행에 예치하는 것은 은행을 믿기 때문입니다. 하지만 은행에 대하여 '나의 이익을 빼앗아가는 곳'이라는 생각을 갖기 시작하면 은행에 대한 신뢰가 깨어지기 쉽습니다.

오늘날 미국에서 '월가를 점령하라'는 시위가 등장한 것도 금융기관의 경영 방식이 국민의 공감을 상실했기 때문 아니겠습니까? 금융기관은 이익을 추구하는 곳이며, 이익을 창출하기 위해 최선을 다해야 합니다. 하지만 눈앞의 이익만 보다가는 정작 큰 이익을 내기 어려워집니다. 더 큰 이익은 고객과 함께할 때 비로소 가능해진다는 점을 잊어서는 안 됩니다. 이것은 37년간 은행원으로 몸담으면서 배우고 터득한 경영철학이기도 합니다.

나이를 먹으면서 상생의 가치만큼 소중한 것도 없다는 생각을 하곤 합니다. 타인이 없이 내가 있을 수 없습니다. 상생의 가치는 모든 갈등을 해결하는 만능열쇠입니다. 수수료 문제 또한 상생의 관점에서 지혜롭게 타결되었으면 하는 바람을 가져봅니다.

저축은행 사태는 한국 금융의 사망선고

가장 위험한 거짓은 진실을 적당히 왜곡시킨 거짓이다.
－게오르크 리히텐베르크(Georg Lichtenberg)

연초부터 이어진 저축은행 사태는 금융인으로서 살아온 저를 크게 실망시켰습니다. 금융의 생명은 신뢰입니다. 신뢰가 없다면 고객은 자신의 돈을 맡길 수 없습니다. 금융기관은 신뢰를 바탕으로 영업을 하고, 그에 대한 대가로 수익을 챙길 수 있는 것입니다. 저축은행 사태는 저축은행의 부도덕과 금융당국의 부실감독까지 겹쳤다는 점에서 한국 금융의 신뢰를 땅바닥에 떨어뜨린 사건입니다.

금감원 직원들은 저축은행으로부터 노골적으로 뇌물을 받아 챙겼는가 하면 감사원 감사에 대비해 비리를 감추라는 지침까지 내리고 기밀 유출도 서슴지 않았습니다. 감독당국의 일부 고위층과 자질이 떨어지는 일부 간부가 저축은행 불법 행태를 비호하는 '도우미' 역할을 자처한 셈이니 어처구니없게도 이런 코미디가 없다고 하겠습니다.

문을 닫게 된 저축은행은 한결같은 공통점이 있습니다. 금융회사로

2001년

서민금융 중개기관인 상호신용금고가 상호저축은행으로 이름이 바뀌면서 예금자보호 한도가 일반은행과 같은 5000만 원으로 설정되다. '은행' 간판을 내걸고 은행만큼 예금을 보호해주면서 더 높은 이자를 붙여주는 저축은행에 돈이 몰리다.

2005년

부동산 경기가 달아올라 저축은행들이 프로젝트파이낸싱(PF)이라는 고수익 시장에 뛰어들다. 이에 따라 은행보다 심사능력이 크게 떨어지는 저축은행의 PF 대출이 폭증하면서 PF 부실의 씨앗이 되다.

2011년

삼화상호저축은행을 시작으로 9월까지 16개 저축은행이 영업정지를 당하다. 대주주의 비리와 부당대출, 부당인출 등 비리가 드러나고 부실감독 논란까지 빚어지다.

서는 도저히 상상할 수 없는 짓을 저질렀다는 것입니다. 서민들이 맡긴 돈을 자신들의 쌈짓돈인 양 마구 쓰고 회사를 부실덩어리로 전락시킨 도덕적 해이의 극치를 보였습니다. 이들은 예금보험 · 세금우대까지 받으면서 서민금융을 외면하고 서민재산으로 뱃속을 채웠습니다. 대주주와 경영진이 금융회사를 소유 · 경영할 최소한의 윤리의식도 없었고, 여기에 금융당국의 무능이 수많은 고객에게 피눈물을 흘리게 한 셈이지요.

서민금융이 이처럼 구조적으로 잘못돼 있는데도 금융위원회나 금융감독원의 대응은 부실하거나 뒷북치기 일쑤였습니다. '이제껏 몰랐다' 는 듯 실태조사 하겠다고 부산을 떠는 모습은 가관이었습니다. 금융당국은 2008~2009년 1조7000억 원, 2010년 2조8000억 원 등 천

문학적인 공적자금을 투입해 부실 PF를 매입해 주는 등 밑 빠진 독에 물을 붓는 땜질식 대응으로만 일관해 왔습니다.

부실 저축은행에 대한 구조조정도 매우 더뎌 2000년 121개였던 저축은행이 10년 동안 105개로 정리된 것이 고작이었습니다. 저축은행 업계의 판을 완전히 새로 짜겠다는 각오 없이 문제가 터지면 손대는 시늉에 그쳤던 것입니다.

서민금융을 활성화하려면 서민금융회사들이 제 역할을 다 하도록 기존 체계를 바로잡는 것이 정공법입니다. 그러자면 곪은 상처가 멀쩡한 부위로 옮지 않도록 환부를 근원적으로 도려내는 특단의 조치가 필요합니다. 우선 금융권 부실은 1차적으로 금융권이 책임져야 하고 부실에 대한 책임은 반드시 물어야 합니다. 서민들이 맡긴 생명과도 같은 예금을 빼돌려 흥청망청 탕진한 대주주나 경영진의 불법행위도 민·형사상의 책임을 물어야 합니다. 또한 저축은행의 부실이 이처럼 커지도록 비리를 묵인하고 조장한 감독당국의 책임도 반드시 규명해야 합니다.

저축은행 사건으로 힘없는 서민들은 허드렛일로 한푼 두푼 알뜰하게 모은 쌈짓돈과 퇴직금 등을 몽땅 날릴 처지에 놓였습니다. 힘 있는 자들은 돈을 다 빼내갔지만 애꿎은 서민들은 속수무책으로 당하면서 억울하게 피해를 입은 것입니다. 평생 피땀 흘려 모은 재산을 한순간에 날리게 된 서민들은 누구를 원망해야 합니까?

돈 없고 힘없는 서민을 가장 큰 절망에 빠뜨리는 것은 자신들의 혈세로 부실 저축은행의 배를 불렸다는 심한 배신감과 박탈감입니다. 서민들은 피눈물을 나게 한 이번 사태가 다시는 일어나지 않도록 제도적 장치를 보완하는 것이 중요함은 말할 나위가 없습니다.

저축은행은 제1금융권에 비하여 부실하다는 인식이 있는 것은 사실입니다. 현실적으로 위험하기 때문에 높은 이자를 주는 것이기도 합니다. 그렇다고 해서 지급불능 상태를 정당화할 수는 없지요. 금융회사로서 영업을 하는 곳이라면, 안전해야 합니다. 철저한 감독을 통해 지급불능 사태를 미연에 방지하는 것은 금융당국의 의무입니다.

사후약방문을 면할 수는 없겠습니다만, 이제부터라도 금융당국의 감독기능을 강화해야 합니다. 그리고 부실 금융회사를 정리해야 합니다. 그것만이 서민의 피 같은 돈을 지키는 길이요, 땅에 떨어진 금융의 신뢰를 회복하는 길이 될 것입니다.

끝머리에

민들레 정신은 사랑과 나눔입니다

"대표님이 늘 말씀하시는 민들레 정신이 대체 뭔가요?"

민들레포럼을 창립하고 민들레동산을 운영하는 것으로도 모자라 노란 넥타이를 즐겨 매고 민들레 정신을 외치는 제가 자주 받는 질문입니다. 저는 이렇게 대답하지요.

"민들레는 사랑이며 나눔입니다."

민들레는 가장 빨리 피는 봄꽃 중의 하나입니다. 찬바람 불고 때론 꽃샘추위에 움츠러들 그 순간에도 민들레는 위축되지 않습니다. 모든 생명이 죽은 듯 차갑고 어두운 땅 속 깊은 곳에서 민들레는 한줄기 희망을 끌어올려 꽃으로 피워냅니다. 봄을 맞아 꽃을 피우는 게 아니라 민들레가 봄을 불러내는 겁니다.

민들레는 우리들 마음속에 도사리고 있는 탐욕과 서로에 대한 불신, 적대심을 모두 걷어내고 희망의 노란 빛으로 채색합니다. 노란 빛은 산과 들을 물들이고 대지를 사랑 가득한 봄으로 온통 채웁니다.

꽃이 지고 그 자리에 우산 모양의 털이 달린 열매가 맺으면 비행 준비가 완료됩니다. 햇빛과 바람, 수분이 베풀어준 사랑을 이 세상에 널리 퍼뜨리기 위한 비행입니다. 바람에 실려 어딘지 모를 낯선 곳에 떨어지면 그 자리에서 다시 싹을 틔우며 더 큰 나눔을 준비합니다.

작은 홀씨 하나가 드넓은 대지를 노란 빛으로 물들이는 장관을 생각해보십시오. 생각만으로도 벅차지 않습니까. 그처럼 우리의 사랑이 온 세상을 가득 채울 것을 생각만 해도 마음이 설렙니다.

제가 사랑과 나눔을 애타게 외치는 데에는 이유가 있습니다. 저 자신이 지금 이 자리까지 올 수 있었던 것은 주위 분들이 주신 분에 넘치는 사랑과 나눔 덕분이기 때문입니다. 이제는 그 사랑과 나눔에 보답해야 할 때라고 믿기 때문입니다.

사랑은 우리 인간이 살아가야 할 유일한 이유입니다. 사랑이 없다면 우리 가족과 이웃과 더불어 살아갈 수 있을까요? 생존의 이유를 사랑 말고 어디에서 찾을 수 있을까요?

하지만 사랑은 그 자체로, 관념적인 것으로 존립할 수 없습니다. 사랑은 주고받을 때 비로소 의미를 가집니다. 사랑은 표현되어야 합니다. 마음 아파하는 친구를 보듬어주고, 시련을 겪는 이웃에게는 용기를 북돋워주는, 그렇게 표현되어야 하는 것이 사랑입니다.

그렇게 사랑을 주고받으면, 그것이 곧 나눔입니다. 즉 나눔은 사랑을 실천하는 것이며, 사랑은 실천을 통하여 나눔으로 완성되어갑니다. 이 점에서 나눔과 사랑은 동의어이며, 나누지 못하는 것은 사랑이 아니라고도 말할 수 있습니다.

나눔이라는 것은 제한이 없습니다. 정신적인 것도 좋고 물질적인 것도 좋습니다. 능력 되는 대로, 도움 되는 대로 실천하면 되는 것입니다. 나눔은 신기하게도 나눌수록 커집니다. 마치 민들레 홀씨가 퍼져 하나의 민들레가 수백 개의 민들레가 되듯이 무한증식합니다.

내가 받은 사랑을 나누어 다른 누군가에게 도움이 되었을 때, 나는 내가 받은 사랑을 보답한 셈이 됩니다. 아울러 또 다른 사랑의 씨앗을 뿌린 것이 되겠지요.

저는 고등학교 시절 나눔의 소중함을 절실하게 느낀 바 있습니다. 집안이 가난하다보니 끼니를 해결하는 것조차 쉽지 않던 시절이었지요. 등록금을 제 때 내기란 매우 벅찬 상황이었습니다. 그때 저는 고맙게도 학교에서 장학금 400원을 받았고, 학교를 그만둬야 할지도 모를 고비를 무사히 넘길 수 있었습니다. 그때의 400원은 지금 1100만 원이 되어, 매년 30명의 학생에게 장학금으로 지급되고 있습니다. 민들레포럼 장학금입니다. 이렇게 나눔은 나눌수록 커져갑니다.

사랑과 나눔을 체계적으로 실천하기 위하여 설립한 것이 바로 민들레포럼입니다. 민들레포럼은 인재육성, 사회봉사, 정책개발을 목표로 창립되었습니다. 이를 위하여 장학사업과 사회복지운동을 벌이고 있고, 다른 한편으로는 지역 현안이 되는 서민경제 정책 개발을 위하여 분주히 뛰고 있습니다. 현재 4000여 명에 이르는 회원들이 뜻을 같이 하고 계십니다.

사랑과 나눔의 체계적인 실천을 위한 것이 민들레포럼이라면 민들레동산은 사랑과 나눔의 지속적인 실천을 위한 것입니다. 두 가지 측면에서 그러합니다. 하나는 실천을 위한 재원(財源) 마련입니다. 나눔에 필요한 재원을 민들레동산의 각종 수익사업을 통하여 마련하려는 생각입니다.

아무리 좋은 봉사라 하더라도 일회성에 그치고 만다면 의미가 없습니다. 지금 우리에게 필요한 것은 나눔을 일상 속에 정착시켜 생활문화로서 확산되게 하는 것입니다. 이를 위해서는 나눔이 지속적으로 이뤄져야만 합니다.

제가 의욕적으로 실천하는 봉사 중의 하나가 격주로 토요일에 노인복지관을 찾아 점심식사 배식을 돕는 것입니다. 어르신들이 직접 식판에 음식을 받아서 들고 돌아다니다 보면 사고의 위험이 크기 때문에 봉사자들이 그 역할을 대신 해드립니다. 장학사업과 같은 민들레포럼의 다른 사업에 비하면 아주 소소해보일 수도 있지만 저는 그렇게 생각하지 않습니다.

한 번 배식봉사를 할 때마다 민들레포럼 회원들 중 별도로 시간을 내어 20~30명이 참여합니다. 민들레동산 전주사무소에 근무하는 직

봉사활동을 통해 사랑과 나눔을 실천하는 저자

원들도 동참합니다. 처음에 직원들은 귀찮아하는 기색이 역력했습니다. 하지만 몇 번 동참하고부터는 보람을 느낀다고 말들 합니다. 저의 마음이 통한 것이지요.

봉사란 것이 참으로 중독성이 강합니다. 처음에는 마지못해 시작했더라도 봉사의 맛을 알기 시작하면 머잖아 스스로 봉사할 곳을 찾아다니게 됩니다. 봉사의 생활화라고나 할까요. 봉사가 생활화되면 삶의 질이 달라지고, 또 그런 사람들이 많아지면 사회가 달라질 수 있는 것 아니겠습니다. 이 점에서 나눔의 지속성은 매우 중요합니다.

물론 민들레동산의 수입이 아직은 그리 많지 못합니다. 하지만 제품들이 출시된 지 얼마 되지 않았음에도 수요를 충당하기 어려울 만큼 판매가 잘 이루어지고 있으니, 실현 불가능한 꿈은 아니라고 믿습니다.

민들레동산의 숨겨진 또 하나의 비전은 다소 장기적인 것입니다. 현재 민들레동산에는 수련관이 지어져 있습니다. 지역민들이 쉬어갈 수 있도록 배려한 것입니다. 저는 이를 한 차원 더 업그레이드하고 싶습니다. 그것은 다름 아닌 새로운 스타일의 복지 공동체입니다. 노인복지센터의 형식이 될 수도 있겠습니다.

경제적으로 여유가 있는 어르신들은 실버타운에 갈 수도 있겠습니다만, 그럴 만한 여유가 없는 분들은 노후 생활이 참으로 막막할 수밖에 없습니다. 저희보다 조금

앞선 세대 어르신들 중에 노후 계획을 갖고 살아온 분들이 얼마나 되겠습니까.

주거시설, 종교시설, 건강센터, 노인병원 등을 잘 갖춰놓고, 어르신들이 편안하게 취미생활을 하면서 노후를 아름답게 보낼 수 있도록 도와드리고 싶습니다. 이것은 저의 꿈이며, 아내의 꿈이기도 합니다. 사람이 한 번 태어나서 이 세상 살다 가는데, 욕심낼 것이 무엇일까요. 멋지게 봉사하고 값어치 있게 살다가 후회 없이 돌아가는 것. 그것 말고 또 무엇이 있겠습니까?

호피인디언 부족이 기우제를 지내면 반드시 비가 온다고 합니다. 기우제가 영험해서라기보다 호피인디언의 기우제가 비가 올 때까지 계속되기 때문이라고 합니다. 그들의 기우제와 같은 신념과 끈기가 있다면 민들레동산을 축복의 땅으로 만들어가는 것도 불가능한 일은 아니리라 믿습니다.

제가 그려내는 새로운 그림을 여러분들도 함께 지켜봐주십시오. 선이 삐뚤어지거나 색을 잘못 칠했다 싶을 때는 따끔한 질책도 아끼지 말아주십시오. 이 그림은 저 혼자 그리는 것이 아니라 우리 모두가 함께 그려내는 것이니까요.

우리 함께 사랑과 나눔의 멋진 그림을 그려나가 봅시다.

부록 1

민들레 아줌마의 간단 민들레 요리

안녕하세요. 민들레 아줌마예요. 민들레를 이용하여 집에서 자주 해 먹는 요리 몇 가지 소개할게요. 늘 해먹는 반찬의 재료만 민들레로 바뀌었다고 생각하면 된답니다. 민들레로 맛과 건강을 챙기시길 바랍니다.

민들레요리 1 민들레 나물

민들레 나물부터 시작해볼까요? 민들레 나물은 민들레로 할 수 있는 가장 간단한 요리 중에 하나입니다. 민들레가 쓴맛이 나긴 합니다만, 무쳐 놓으면 생각처럼 쓰지 않습니다. 오히려 쌉쌀한 맛에 초고추장이 잘 어울리기 때문에 식욕을 돋우는 역할을 한답니다.

재료

민들레 잎 적정량, 고춧가루 1큰술, 고추장 1큰술, 식초 2큰술, 다진마늘 1작은술, 다진파 1큰술, 참기름, 설탕, 통깨, 소금, 매실청 조금씩.

* 쓴맛을 싫어하거나 단맛을 좋아하는 분들은 물엿을 조금 넣으세요.

Recipe

1 먼저 민들레를 잘 다듬습니다. 지표면에 붙어서 자라다보니 흙이라든가 각종 이물질이 많거든요. 깨끗이 씻어주세요. 뿌리는 쓰니까 제외하고 잎만 사용합니다.

2 양념을 섞어 양념장을 만듭니다. 저는 매실청을 넣습니다. 매실액의 새콤달콤한 맛과 향이 민들레와 잘 어울려서 좋더군요.

3 민들레 잎을 살짝 데칩니다. 데친 후에는 건져서 물기를 꼭 짜둡니다.

4 데친 민들레에 양념장을 넣고 잘 섞어주면 완성입니다.

민들레요리 2 민들레 겉절이

민들레 겉절이 소개를 하려니 입안에 절로 군침이 도네요. 쌉쌀하고 새콤한 그 맛이 일품이지요. 연한 민들레 잎으로 담근 겉절이만큼 봄에 어울리는 반찬이 또 있을까요? 민들레 겉절이는 겨우내 지친 입맛을 확 살려줍니다.

☼ 재료 ☼

민들레 150g, 양파 1개, 고춧가루 1큰술, 참기름, 감식초, 소금 약간, 매실청 1큰술.

＊입맛에 따라 액젓을 넣어도 좋습니다.

Recipe

1 민들레를 잘 다듬고 여러 번 씻어줍니다. 민들레는 지표면에 붙어서 자라기 때문에 이물질이 많답니다.
2 재료를 준비합니다.
3 양파는 얇게 썰어줍니다.
4 드시기 직전에 민들레와 양파에 양념들을 넣고 버무려주면 완성됩니다.

아무래도 겉절이는 싱싱한 맛이 생명이라, 그때그때 버무려 먹는 게 좋더군요. 민들레 겉절이는 돼지고기하고도 참 잘 어울립니다. 민들레 겉절이에서 풍기는 민들레 잎의 향기와 쌉쌀한 맛 때문에 돼지고기를 아무리 먹어도 질리지 않게 해줍니다.

민들레요리 3 민들레 부침

민들레를 먹이고 싶은데, 쓴맛 때문에 싫어하는 아이들도 있습니다. 하지만 민들레 부침을 하면 그런 걱정을 안 하셔도 됩니다. 민들레 부침으로 아이들을 민들레와 친해지게 만들어보셔도 좋겠습니다. 민들레 부침에는 민들레뿐 아니라 양파, 당근, 파 등 각종 야채가 들어갑니다. 사용하고 남은 야채들을 냉장고에서 싹 긁어다 넣으셔도 됩니다. 민들레 부침이야 워낙 간단하니 소개랄 것도 없겠지요.

재료

민들레 100g, 양파 1개, 당근 반 개, 고추 1개, 쪽파, 밀가루, 전분, 소금.

* 입맛에 따라 굴 등 해산물을 첨가하셔도 좋습니다.

Recipe

1. 민들레를 잘 다듬고 여러 번 씻어줍니다. 민들레는 지표면에 붙어서 자라기 때문에 이물질이 많이 묻는다는 것 잊지 마세요.
2. 양파는 얇게 썰고, 당근은 채 썰고, 고추와 파는 송송 썰어줍니다.
3. 부침가루나 밀가루와 준비된 재료들을 잘 섞어 반죽해줍니다.
4. 적당한 크기로 부쳐내면 완성입니다.

민들레요리 4 민들레 닭백숙

치킨이나 찜닭 같은 것은 먹어도 닭백숙을 싫어하는 분들 계시지요? 닭 국물 냄새를 싫어하는 분들이 그렇던데요. 민들레를 넣으면 그런 고민이 사라진답니다. 신기하게도 민들레를 넣으면 닭 냄새가 안 나거든요. '민들레에 이런 효능이?' 하면서 감탄했던 요리가 닭백숙입니다. 여름철 보양식으로는 최고죠.

☼ 재료 ☼

중닭 1마리, 수삼 1뿌리, 황기 약간, 찹쌀 3컵, 대추 6알, 생밤 5알, 마늘 5개, 대파, 소금, 민들레 100g.

Recipe

1 닭은 깨끗이 씻고 찹쌀은 씻은 뒤 물에 담가 불립니다. 대추는 씨를 제거하고 수삼과 황기는 씻습니다.
2 닭 속에 찹쌀, 마늘, 대추, 황기, 수삼을 넣고 면실이나 이쑤시개를 이용해서 봉합니다.
3 그릇에 닭과 물을 넣고, 생강과 대파, 민들레를 넣어 40분 이상 푹 끓여줍니다.
4 끓여낸 삼계탕의 육수를 면보에 걸러 내어 기름기를 제거하고 따로 담아냅니다.
5 삼계탕을 그릇에 담고 육수를 부은 뒤 송송 썬 대파를 올리고 소금, 후추를 곁들여 내면 완성됩니다.

부록 2

민들레동산이 만듭니다

제가 틈날 때마다 민들레동산 자랑을 했는데요. 민들레동산에서 재배하는 민들레를 어디에 사용하는지 궁금하셨던 분들도 계실 것 같습니다. 이제야 밝히는데요. 저희 민들레동산영농조합법인이 청정지역 완주 비봉에서 재배한 민들레는 가공되어 다양한 제품으로 만들어집니다. 현재 생산중인 제품은 민들레 국수, 민들레 화장품, 민들레 만두, 민들레 엑기스, 민들레 숙성 훈제오리, 민들레 커피 등이 있습니다.

저희 민들레동산 민들레의 자랑은 다음과 같습니다.

첫째, 청정 자연환경에서 재배합니다. 완주 비봉은 산으로 겹겹이 쌓인 곳으로, 산 좋고 물 맑기로 유명한 곳입니다. 민들레는 화학비료나 농약을 전혀 쓰지 않는 친환경 무농약 재배입니다.

둘째, 직접 재배하므로 믿을 수 있습니다. 시중에 유통되는 민들레의 상당량은 출처가 불분명합니다. 원산지가 명기된 경우에도 막상 현장에 가보면 밭이 없는 경우가 많습니다. 소비자 입장에서는 불안한 일이 아

닐 수 없지요. 지저분한 곳이나 오염이 심한 곳에서 채취되었을 가능성을 배제할 수 없으니까요,

셋째, 노지에서 재배합니다. 노지는 비닐하우스보다 민들레의 성장 속도도 느리고 씻는 번거로움이 크기 때문에 재배하는 입장에서는 선호하지 않습니다. 하지만 저희 민들레동산은 양질의 민들레를 생산하고자 노지를 고집합니다. 노지 재배 민들레는 향과 맛이 훨씬 강합니다.

넷째, 모든 제품은 전문회사에서 제조되어 최고의 품질을 자랑합니다. 민들레동산은 아웃소싱 시스템을 구축하여, 직접 설비를 갖추어 생산하기보다는 제품별 전문회사에서 생산하는 방식을 채택하였습니다. 전문회사에서 생산하므로 믿을 수 있습니다.

다섯째, 생산과정에 있어서 전문분야 교수님의 자문과 지도는 물론 농업기술센터 및 대학교와 산학협동을 진행하고 있습니다.

제품소개

민들레 차

민들레를 덖고 찌고 말려 그윽하고 은은한 향과 맑은 색이 일품입니다. 커피와도 다르고 녹차와도 다른 새로운 매력에 빠져보세요. 민들레는 피를 맑게 해주고 간과 위에도 좋습니다.

민들레 엑기스

민들레 추출액 95퍼센트에 국내산 벌꿀, 대추농축액, 숙지황 등을 첨가하여 진하게 우려내었습니다. 의서에 따르면 민들레는 항염증 작용을 하므로 위염이나 위궤양에 좋고, 산모의 유즙분비를 촉진하며 이뇨작용을 하므로 소변이 잘 나오지 않는 분들에게도 좋습니다.

민들레 국수

민들레를 농축하여 36년 전통의 국수회사에서 제조

하였습니다. 가느다란 면발의 쫄깃함과 어머니의 손맛이 물씬 묻어나는 웰빙국수입니다. 먹고 나면 입안에 쌉쌀한 기운이 감도는데, 그 기운이 참으로 청량합니다. 일반 국수보다 소화도 훨씬 잘 됩니다.

민들레 폼 클렌징

민들레 추출물의 생기 보강효과가 피부를 차분히 진정시켜주며 피부 밸런스를 유지하여 맑고 건강한 피부로 가꾸어줍니다.

민들레 핸드크림

민들레 추출물이 함유되어 건조하고 거칠어진 손에 활력을 불어 넣어 촉촉하고 건강한 피부를 가꾸어 줍니다.

민들레 마스크시트

피부탄력에 도움을 주면서 피부를 유연하고 생기 있게 가꾸어 주는 동시에 촉촉하고 윤기 있는 피부를 유지해줍니다. 포공경은 성질이 청량하여 열기에 상한 피부를 식혀줍니다. 민들레가 전통적으로 각종 피부병의 외용약으로 사용됐다는 기록을 보면, 열성 피부트러블에 큰 효과를 기대할 수 있습니다.

민들레 숙성 훈제오리

위생 사육하여 가공 처리한 원료육을 독자적으로 개발한 정통 훈제가공 기술로 완전히 익혀, 육질이 부드럽고 고단백질식품으로 쫄깃쫄깃한 맛을 즐길 수 있습니다.

민들레 커피

민들레 커피는 일반커피와 달리 카페인이 없어 중독성이 없고 오히려 숙면을 취하게 합니다. 일본에서는 임산부와 여성을 주 소비층으로 다양한 형태의 오리지널, 브렌디 민들레 커피를 티백, 스틱, 병 형태로 시판 중에 있습니다. 민들레동산에서는 산학협력으로 국내 최초 민들레커피를 개발하여 곧 출시할 예정입니다.

유희태

전북 완주 출생
비봉초등학교 졸업
완주중학교 입학
익산중학교 졸업
전주제일고등학교 졸업(구 : 전주상고)
한국방송통신대학교 경영학과 졸업
우석대학교 행정학과 졸업
전북대학교 경영대학원 재학

전)기업은행 부행장
민들레포럼 대표
민들레동산 대표
민주당 전국청년위원회 지도위원
한국국제기아대책기구 기아대사
(사)한국입양홍보회 홍보대사
우석대학교 총동문회 회장
한국방송통신대학교 전국총동문회 부회장
전주시투자유치위원회 자문위원
전주시사회복지협의회 이사
대한노인회 전주시지회 자문위원
전주국제발효식품엑스포 대외협력추진단장
전주YMCA 예술단 단장
전주JC특우회 회장

우석대학교 객원교수
나사렛대학교 객원교수

사월에는 민들레가 핀다

초판 찍은날 2011년 11월 25일 **초판 펴낸날** 2011년 11월 30일

지은이 유희태
진행 오상윤

펴낸이 김현중
출판실장 옥두석 | **책임편집** 이선미 | **디자인** 권수진 | **관리** 이정미

펴낸곳 (주)양문 | **주소** (132-728) 서울시 도봉구 창동 338 신원리베르텔 902
전화 02.742-2563~2565 | **팩스** 02.742-2566 | **이메일** ymbook@empal.com
출판등록 1996년 8월 17일(제1-1975호)

ISBN **978-89-94025-15-5 03810**